JN139643

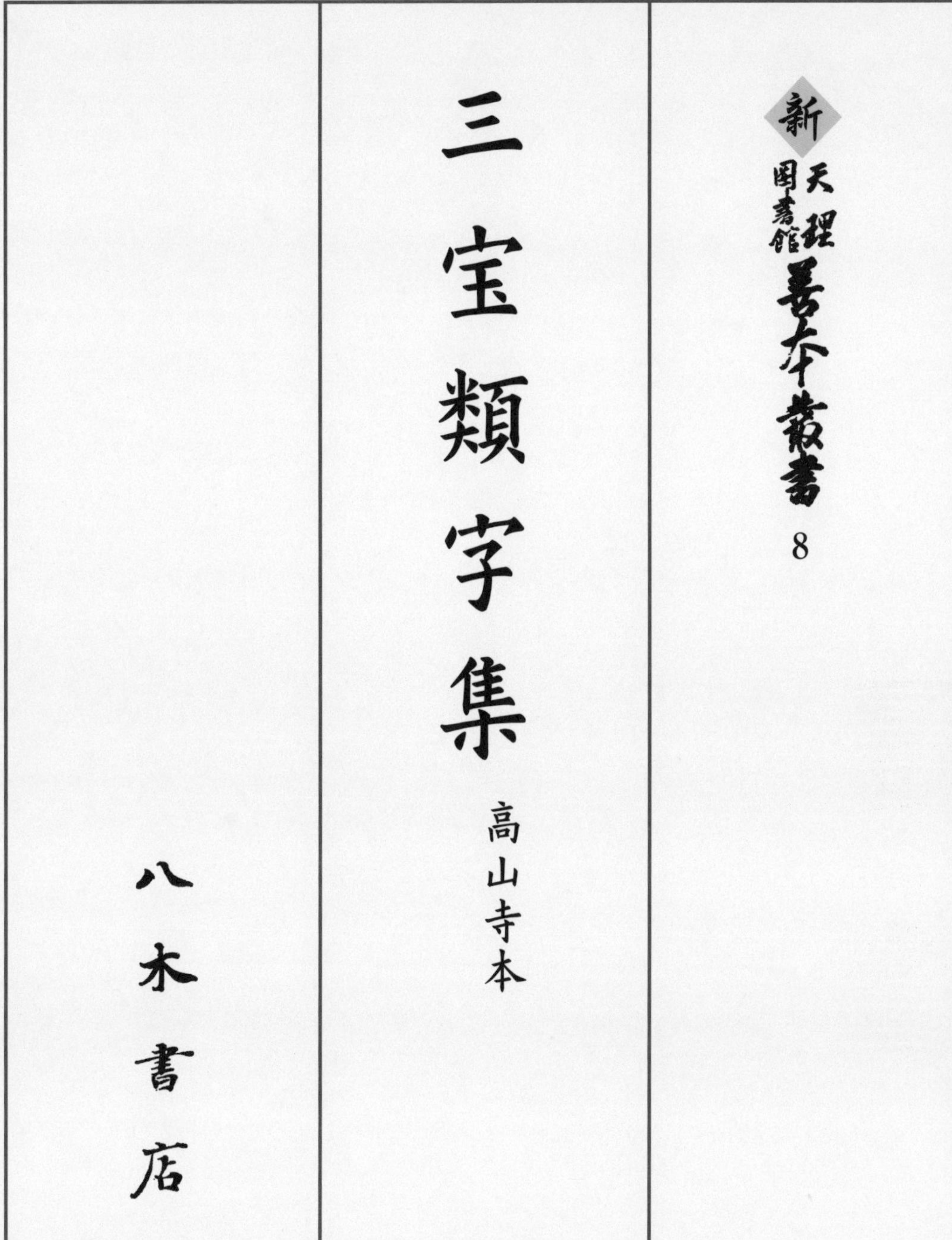

新天理図書館善本叢書 8

三宝類字集

高山寺本

八木書店

例言

一、本叢書は、天理大学附属天理図書館が所蔵する古典籍から善本を選んで編成し、高精細カラー版影印によって刊行するものである。

一、本叢書の第二期は、古辞書篇として、全六巻に編成する。

一、本巻には、『三宝類字集　高山寺本』を収めた。

一、各頁の柱に書名等を記し、墨付丁数と表裏の略称（オ・ウ）を併記した。

一、原本の錯簡は本来の順序に復元して収め、該当箇所にはその旨の注記を付した。

一、解題は山本秀人氏（高知大学教授）が執筆し、本巻の末尾に収載する。

平成二十八年四月

天理大学附属天理図書館

目次

三宝類字集

高山寺本

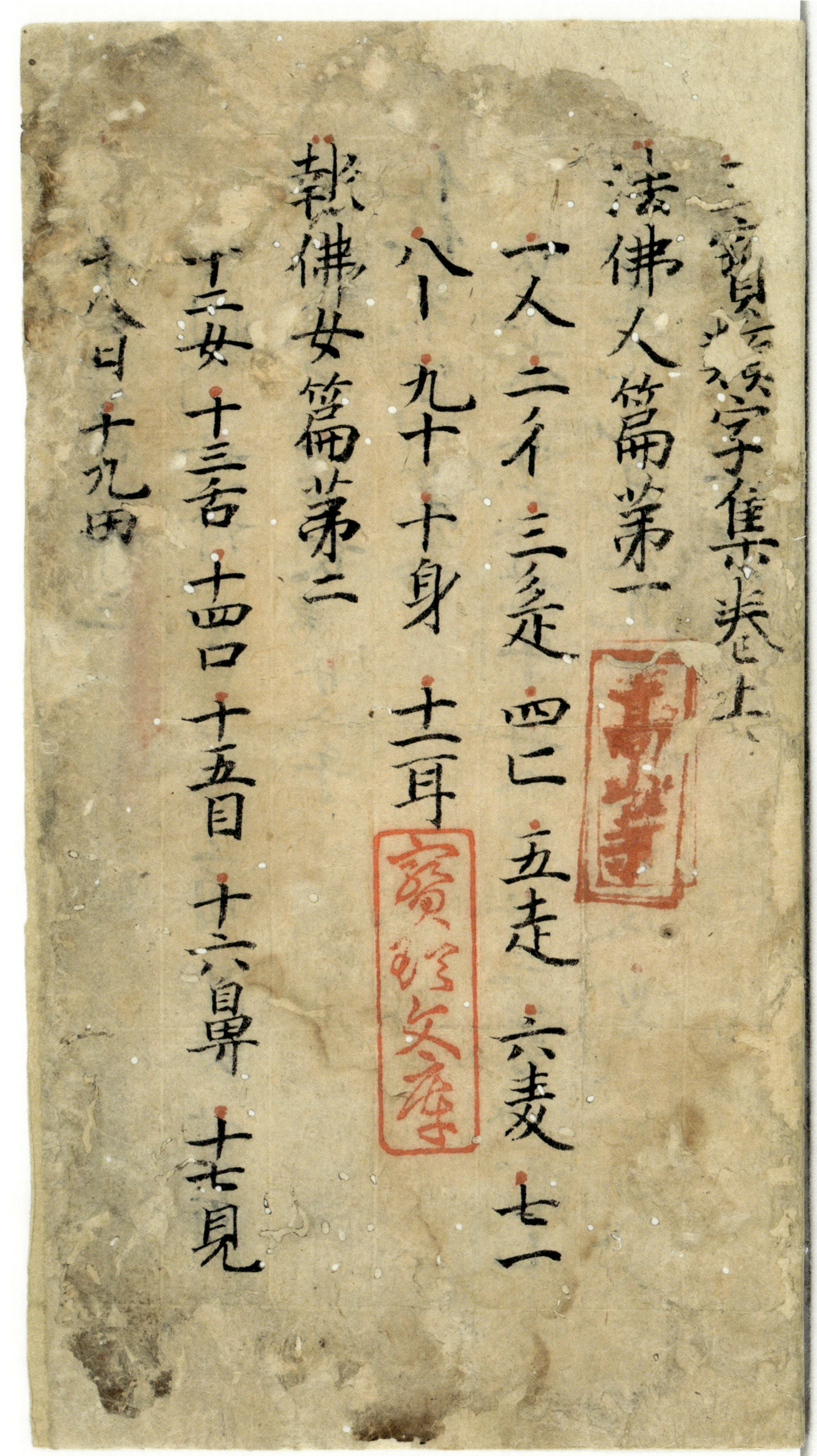
三寶類字集巻上
法佛人篇第一
一人　二亻　三辵　四匕　五走　六麦　七一
八丨　九十　十身　十一耳
僧佛女篇第二
十二女　十三舌　十四口　十五目　十六鼻　十七見
十八日　十九田

上末

𠆢佛肉篇第三

廾肉月　廿丹丹　廿二骨　廿三角　廿四貝　廿五頁

廾六彡　廿七長髟　廾八手

亻佛木篇第四

廾九木　卅犬　卅一牛　卅二片　卅三豕豕　卅四乚

卅五几九丸尢几尢𡯁　卅六牧　卅七八谷　卅八大

卅九八　四十黑

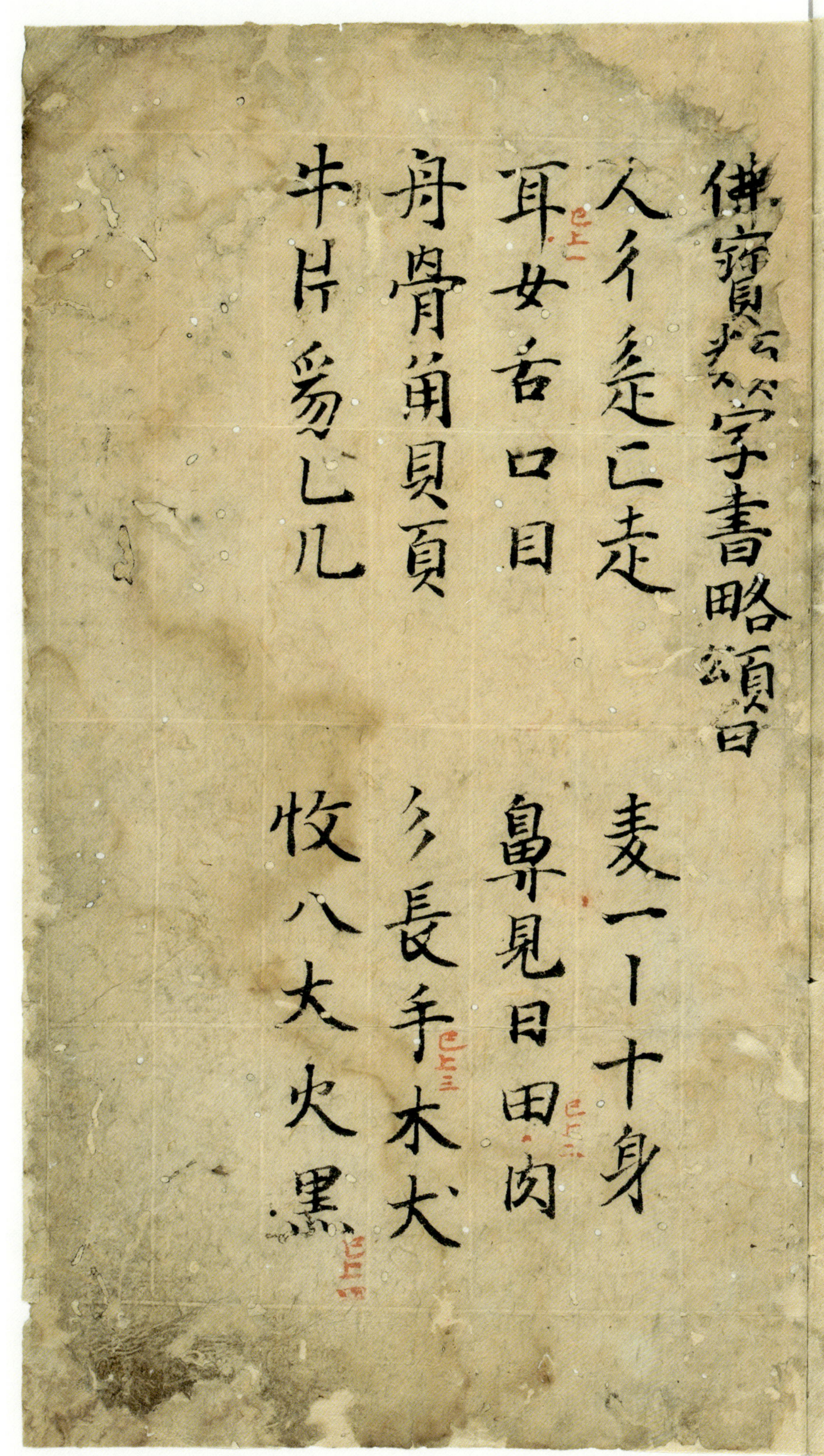

佛寶類字書略頌曰

人彳辵乚走　麦一丨十身

耳女舌口目　鼻見日田肉

舟骨角貝頁　彡長手木犬

牛片易匕几　攴八大火黑

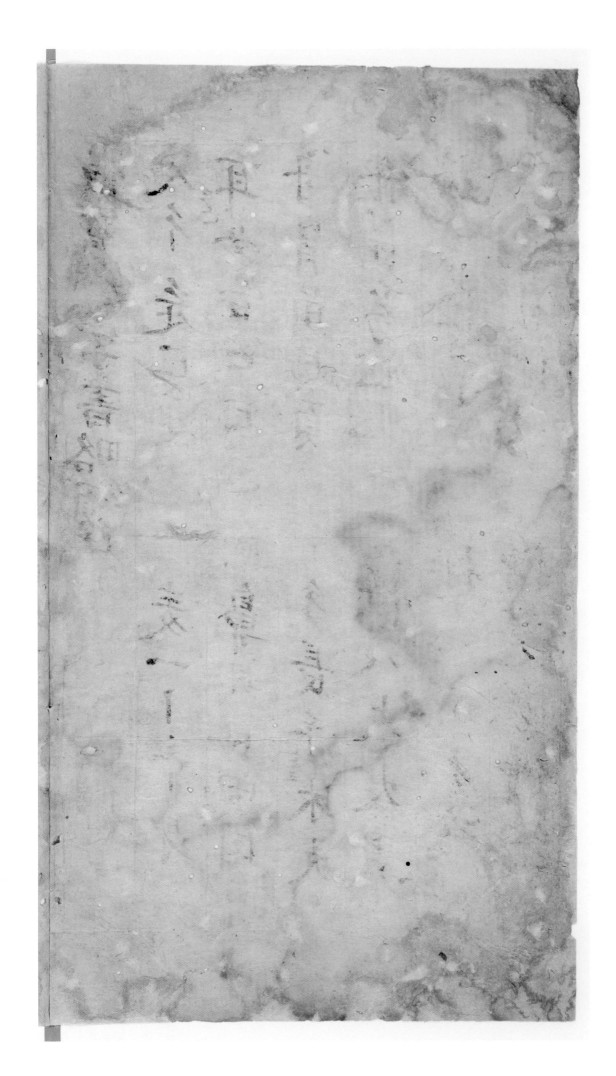

佛寳類字集巻上一

第一人篇

佛 符弗反 音費 ホノカナリ フツ 和ラムトケ 又オホイニナル 又音弼 ヒチ タスク 又佛佫仏 佛字又別字 ナリトモ

人 音仁 ヒト 和ニ ト ヒトトノ サネ

一ー ヒトリ

五ー イトトリ

ーー 菩 ヒトモ

湯ー 乙又

眞ー イワト

漁ー アマ

海ー 同

ー魚 イヌツナ

盗ー 又ーー 不良ー 共ヌルヒト

桃ー モトノサネ

ー衆 カノニケ

仿ー 音方 カタヒノ ナラフ イカル オホツカナミ ホノカナリ

俩 敵髣正

僧 藤曽反 ヤハラノ ネムコロ サトル

傮 遭曹二音 終也

彷像　ツカナリ　アソフ　アフ　イサナフ　ネサウタ

仰　古文信字　アコト

[illegible]　去声ノ詳親、空旱反　強直笑又若寒反如、正、大、トモ、タ、

仜　音紅　肥、　アカス　タモツ　ハヂム　又去声　イタク　アタル　ヒテ　シアノ　ナサ　モテイチ

佳　音家　ヨミ　オホイナリ　ミナ　ヤスミ　フカミ　サス　又音益　又音ケイ

㕯　内納二音

ト導　イサナヒ　ミチヒク

伿　音易　ココロ　モノウミ

仁　音人　キミ　ヒト　ヨミ　ソクム　ムツマミ　ヒロヲフ　ミクフ　タフトミ　ウルホ　去音

侄　未詳

徍　渠往反　遠行、

偮　音謂胃、　サソフ

ト妄　ウタメ

佁　音駘　カロミ　チラル　尊甲ミ次、ミ動廟

仕　音士　ミヤツカヘ　ツカフ　ツカマツル　ツモム

住　雉具反　スミカ　トマル　リク　ハヒム

位　胡愢反　クラ井　ヒテノ　ヨミ　タヽ　音井

倡　音昌　ウタヒ　ウタメ　ウタフ

侶　音呂　トモ　トモカラ　又リヒ　又音口

倨偘　上倨下　正音　看之

不仁　カタ不　アミ　タヽ沉

任　音壬　タフ　タヘ　オホヘナリ　トヽ　ツミヽイナ、

飯ー　ヒルヒノキ

倚 音掎 カタフ ヨリフル ル ヨリ ヨリ井ル ヨム タテリ ヨセタル タノム　徒ー タヽフム ヨロワフ　ー子 イヽ

倍 薄乃反 又音ハイ ソムク ヘソノ クハフ ハムヘリ ソカフ アト イタヽ イカタ アツカヘ テヲル テヲル テヲル　ー羅麼 ホロノハ 烏擲羽　倂 音濘 ヘツラフ オユル カタイヽ ミタリカハし

侮 俉 二俗 アナツノ カタム イツハル　僧 俗歴字於 古反 静ヽ　億 音憶 十方 オモフ オモンカル カナラル　僮 音童 ヤツコ ロウハ ネヲラハヘ ヤツカし

カタクノナし ツクノ　停ー 音庭 トヽヤムル ヤム ヤムル ヤトル トヽコホル ツヽ井ル ヒトヽし　傍 音房 カタハラ ソフ カタこ ソハ アマネし

ーツ ツカヒト　ーーアトヤカナリ

チカし ホトリ　ー偟 ーーアネモトホル 下音皇　偙 音帝 催問、　僀 俗帶字

ヨル ナラフ ツク

竝 蒲迸反 並、又竝音　倂 令 ナムし トモ トモこ　併 蒲斷反 ナラフ ミカし ナカラ ソフ トモ アハス アマル カクス スミ ルフ 名墨 カス ツラヌ

仿ー　停 俗停字　僑 高音 ヨル 高、　僑僑 二正

㑊　肌及反　又尒音　トモニ　オモミル　上ヘ　モチヰル　モテアソヒケラシ　モチヰルトコトナラシ　スナニ　アダフ　アフノフ　タメニ　オモフ　オモヘラク

倈　俗弈字

仏　俗徒字

以　音苡不我ー　モチヰル　コレシモチ　モハ　モチヰル　ヰテアリ

亽　シ字　鄙陵反

所ー　上ヘ　コノム上ヘ二　是次　コシモチ

㕥　人從字　ミタカフ

伋　カタフク

佡　音吟又　牛飲反

众　俗卜ヒ

伋　音急　人名　カタフク

伽　ナル

仅　乃都反奴、　古奴字

偻　川ル

佽　アノヒル　ル

伽　而拈反　又如　ニキハフ

攸　音由　上ロ　事、　ヰ、

脩　可見イ部　ナカシ　サカナ

修　可見イ部　オサム　オコナフ

ー理　川ノロフ

俗　オサム　カサル

循　音巡　俗循　字ミタカフ　メグル　ツクサニ

傯　偬　ミナーハ公

儵儵倏倐　上二俗　下二正　又儵字　音尗　速、　疾、　又音宿　莫書　蕭音

𠐊儵倐　上二或下　俗或　正

倏忽 アカラサマニ

儵 音同上 令儵字 タチマチ アカラサマ ニハカニ スミヤカニ トシ ニハヤク

儵 同黒 繒發 色

儵 正 儵、

絛 儵 令正池 刀反 牛ノアミノ オホシ

儵 音條 奐如 鶏赤尾六足 四首音如鵲

條 エタ ホコニ

修 音條 一蜩 火亜

條 タメハハラ

儈 渠往反 貝載器

僊 下示反 揚雄反 隠、 陌、

僊 先盍反 恕、

僊 音鮮 ヒヒリ アフ ヒト

仙 同俗

僊 僊 二或、

僊 今

僊 正

神仙 イキホトケ

僊 俗腕字 烏卧反 行、

僊 音杳 細要

倆 上夕

僤 無寃反 僤

僊 漂音 ナメニ カロニ 二ヘニ 一狭下ニキ牛

僊 僊 俗正

什 音十 十、 アツム タクハフ タスク ヌ カナフ

俶 俗 滌字

仟　音千　千人長

仆　音訃　又赴　ヌホフ　タフル　フル　フセリ

付　音賦　ツク　アタフ　アトフ

休　俅　同　許尤反　ヤスム　ヤム　オコタル

イコフ　ヤスム　ヨシ　又音ク　トニル　ト・ノフ　サル　又許交反

体休　俗正

丨息　イコフ

伓佫　下俗　音悲反　有カ、無、

俅俅　キヨシ　タ、ヨフ

俅　音求　頼同　戴、服、可、

鵂鶹　在鳥ア丨　下俗　音休

何　胡歌反　ナソモ　ナンヤ　イツクソ　イカテソ　ナニ

ツノル　ニナフ　イツレ　ニハカ　コレ　ナカル　オルセコト　サソ

丨若　同

如丨　イカニ

丨如　同

丨哉　同

其丨　同

於丨　同　イツコニ　ソカ　イツクソ

奈丨　同

不奈丨　ナシトモセス

云丨　イカニモチカ　イカナルシカ　イカレ　コ、ニナソ

丨人　ナニヒトソ

丨曰　ナニ、ヨチカ

丨縁　同

丨以　タレシモテカ　ナニシモチカ

丨以故

丨為　ナルレソ　イカレカセム

〃須 同　幾ー イクハク　ー焉 イツレ　如之ー イカン

其如ーー イカンカセム　無ー イクハクモナシ　僑 ツカヒヒト　伺 同笥二音 ウカヽフ サラフ

侗 通音又同音 大、直、イ幺　倜 音惕 タテ、、　徇 徇 二正 詞駿反 又音主 モトム イトナム ミタカフ トナフ タヽ ノタ ヤヒミ ホロホロ トヽ イツク

傳 或　佝 構音 欲、俳、 優、佝 二正　佝 雹研二音 亘紡反 流星、　物 音吻 又武 弗反 ソムク

倘 俗向字　佰 音陌 一百、 モヽ、チ モヽ、　伯 音百 ナカシ カミ　阿ー シテ

佰 俗儲字 今云 條　仇 音求 ヤカラ トモ タクヒ トモカラ アタ カタキ ノフ　仉 音浼 ヒロシ カロシ ニカム　仉 掌音 人姓

仛 俗吒字　伍 音五 五人、ナラフ ツラ ツラナル トモ イミフ トモカラ イツヽ　倍 ツラナリ トモ ミヒカシ　伉 苦浪反 吴音幸 ヒトシ ナラフ

ダシフフ アタ
カミニミ タフ
ウミ ダクヒ ツラヌク ウル トモカラ イナフ
ツラヌ ｜｜匹偶 トコロアラハニ

佹佹 下正 呼氵迄二音 イサムツ 又黒訖反 オソノルタリ

俒 音困 タダミ

侊 読音往来皃 ｜ヽ行声ノ

｜倖 下音幸 サイハヒ サイハヒ 婞或

ナナミヒ アク

アフク タル

伉 同 カタキ アク

傀 同

侊 音光 又觥 小器

倖倖 二正

俯｜ 上音府 フヒトコロ フシアフク フル ノタル 名乙 ハミ又

僲僲伉 三俗

儮儮 俗或

佡 ダスク

偅 宗乱

俒 俗完字

俔 俗皃字

｜儮 下音𠩂 ナラフ ヒトシ 牛ココノミスルナリ

伭伭 二俗 元字 五骨反

伭 モチアツフ

侻 他活反 可

僥僥 同音 堯 三ミ カミ ヒヘナリ

俛 音免 ウツフス フス ツトム クダリ ヒサマヅク

俯仰 禾ヒミモ アラス フミアフク 下点

□千反 アツフク タタム
オホスセ 子ムロ 又音カロ
端ー ヒタオモムキ
僟 俗 僟 正 サカシラ
傀 瓌音 又古靡反 大ー シハミミシ
儇 譞二正 火緣反 智ー 慧ー トシ
⿰亻刀 俗 初字
倗 所欽反
⿰亻貳 ⿰亻貣 カチ ツクノフ 二俗

俔ー フミアフク
ー和 サカシラ
⿰亻褢 ⿰亻褱 俗懐字
⿰亻式 忕二正 勅 音慎、
仞 音刃 一尋、七尺、八尺、 ヒロ アツ アソフ ヒロサ ノフル タカミ アラカフ
⿰亻⿱巾巾 ⿰女⿱巾巾二正 側究反 姪 娘、
⿰亻戚 音同 フクロ

⿰亻免 音 ⿱山俔 ラミ トノフ タカヒミ シロナハラ氣
⿰亻⿱免言 サカシラ
⿰亻褢 ⿰亻褢 ⿰亻嵬 五 或
⿰亻劦 俗 協字
⿰亻⿰彐田 俗通 社 校 反
袋 俗 フクロ

⿰亻⿱免 俗 八和 サカシラ
⿰亻⿱罒电 ⿰亻⿱罒电 下正 六一忍反 ツトム アフク
⿰亻⿱鬼衣 或 瑰字
仂 音力 又力得反 今為力字 ツトム
⿰亻田 俗 細字 也
⿰亻貳 他代反 カル カス
代 音逮 ち、 カハル カハルゝゝ ちころ カフ

更ー カハル

中ー ナカコロ

中間 ナカヒタ

伏突 ヒコハキ

儭儭儭 三俗 䞋正

儭儭 二俗 貳正 他得從人也

黛 音周

俗裁字

俗纖字

伏伕 二俗

俗奔字

俗倚字

未詳

歩本反 俗 又千内反 獄名

音杖 タノム

渠倚反 藝 女樂作妓枝

音遮 アヤナ サカリ

伎 タクミ ワサ カフル コロス　仯 扶教反 ーミノ、　仯 俗沙字　儃 左辟単 身、

儀 音表 アヽ　僟 幾音精、　低 俗眠瞋字　侒 音亦 タヽノ

儆 ナラフ イナフ　倣 ナラフ イナフ　倣 方兩反 ナラフ ナソラフ ヒル　傲 五到反 呉音号 オコル ホコル 慠或 ナラフ

儌 カタトル サハカミ ミタカフ ヒル　儌 又作僥儌 ミク スキハ サイキル　儌 同サク　儌 許鑑反

儆 警 三正 憼 或音競 イヤシム ツヽシム イマシム　僟 僟 下俗音 㮣 今 ハケム　僟 正 コト　儕 仕皆反 ホナミ トモカラ ヒトシ

倍 俗次 ヒトシ　傔 詰焰反 ミタカフ タエ イマシム　儡 クヽツ ヤフル　傀 ー 賄磊 儡 二音 ヒイラキ クヽツ

傀儡師 クヽツ　ーー子 クヽツ　僓 俗傀 或　儡 俗儡字

佃 音田 又同 年反 ツクリタ　伷 紂 晝反 系、進、　傠 カ救反　僤 憚音 ハカラフ ウゴク 疾、

𠋆 倆 二俗 諵 喃 二正 咸反 又音男　俾 音庇 又音未反 オコフ セミム イヤシ ツカフ ミタカフ アナヽネシ コヒネカフ モト アタフ

偋 必須 普未 二反 併正　伸 音真 ノフ ノヒ アカル ノヒス　欠ー アクヒ ノヒ ル　伻 俗 伻正 胡 甲反 習、

仲 厨諷反 ナカ ナカヽ ムナシ ナカル ミツカナリ　伜 クヽシ　仲父 ナカツシチ　僤 俗 捭ー正 比 買反

偲 七材反 オ、 ミタフ サイ　㥉 音丑 ミノフ　偎 隈 音 國名　僾 愛、

倮 カ果反 又作 躶 裸 ハタカ 或 羸 字 アカハタカ アラハ ハタカナリ　傫 　偎　傫 カ追反 岳、 又磊音

儽 正　傈 カサ又　佸 カト石　佪 カル

偪 俗福正畐 音 又許究反
傳 普丁反 ハカヒ 又音 ヒヤウ サルテフ
伶俜 サステフ 下普丁反 又音リヤウ 又作跉跰 上音零

伭 音提 カタフク タヲル トモ ヒクトノ ミヒカミ 又音テイ
伱傺偈偈偈 五俗

低仾位 正令 俗詖 タル
傢僫 並俗 遽字
傷 俗
儚 俗蒙字

像 音象 カタヒロ カタヒル 又音サウ オモヒヤル カタチ ニタリ ノトル
想ー オモヒヤル
僙 音廣遠ゝ 之果車反 儸ー

岱 オモテオカ
傯 他則反 失常
俄 音義 ニハカニ ミハラク タヲヤク ツラヌ ナノメナリ カタフク ノフ アタフ

儭僟儭儭儭 七俗 儭 令上
儻 彼苗反 武ゝ 行ゝ
僐 當音

伶仃 サツラフ
伶倫 二三目 靈陎 樂人 下タクヒ 下リン トモカラ トモ ナラフ タクラフ ヒトシ ノリ ミタフ モトム 又音上領
佮 俗押字欤 アハス 音閤

[illegible] 甫踰反

丨皃 又[illegible]ヒト

[illegible] 俗捨正又 俗[illegible]字正

僨 他胡反 無 宜適

[illegible] 同 [illegible]反

[illegible] 智出十人　[illegible]

後 音駿 智出万人 [illegible]

[illegible] 音[illegible] 又[illegible] [illegible]

[illegible] 仕行反 中州人

[illegible] 胡音 渠[illegible] 反古樂人

[illegible] 書音 又始反

[illegible] コロス

[illegible] 俗正

丨閑 アカラサマ

[illegible] 渠儼反

[illegible] 俗[illegible]字 [illegible]反

[illegible] 古會反

[illegible] 男音

[illegible] 同

[illegible] 通正 [illegible]作

[illegible] 俗企字

[illegible] 俗飼字

[illegible] 音寺

傑 音揭 英俊

[illegible] 俗

[illegible] 恵音

僞 渠串反 无頭鬼

倸 同 善、大、 蕳、

份 与斌彬同 彼陳反

份 同

件 具葦反 クタシノ 禾カハ ヒトシ
キラフ ク手ハラフ カノ瓜リ
オシエハル

俁 數輔反 大、 ナタ
ナリ

侔 音牟 ヒトシ
ヒト キラフ

俟 音士 一人ム矢
又其 ナム ナムケ
ツネニ ツフサニ

サフラフ ナタミ
ナツリフ

訴ノ ミウカハフ

㑎 同音唯
キミ イル
コミミタフ

𠊧 音後 ナム
ウカフ サフラフ
トノ ムカフ

モトム イタル
タリ又

催 崔音 モヨホス
ウナカス ソソル
ツクル ハム コフル

袓ノ サフラヘリ
ツミ ニサフラフ

仠ノ オヒミツ

倠 許維反
醜面、

僻 音霹 ヒカム
コハナル カカム サカル サル
オカハハ ハ手 ヒク カタクス ミハム

佉 音去 又去羅
反 イサナフ
サソフ 又音カ

御 巨逆反 疲、
又脚音

御 俗𠚪字

ヒカサフ サカサフ
サカル ヒコタハル
側、

𠏟 二俗

偓 於樂反
僉、

偏 俗嘱字
燭音

倨 居音 居去反
ヤフル ホソシ
オコル ホコル アタイキ
ノホル ノコキリ

佰　歩号反
俿　俗䏍字
傒僁　音　小声、　二正屑
僻　補定反　僻、

倔　コハシ
偏　音篇　ヒトヘニ　カタハラ　カタツカタ　カタオモテ　アマネシ　サカル　ムサホル　ムヘリ　アカル曲　ヒトリ　ヒトリ　カタフク　タノヒ　トモカラ　イヤシ　カーアク　タムク

｜孤　カタミナシコ
候　カ計反
優　俗　モチル　ソムク　タカフ　イタル　ヒカム　イカル
偎　奴蔦反

僔　俗
佀　俗勤字
俍　振音　｜子万　童、之仁反
｜子　ホラハヘ

僫　音願　黠、
僫僫　同
偭　纏音　ホラハヘ
僩　二屑音　サカム　カトー　トヒラ

傝　他盍反　悪、
傭傭　下俗音容　ヒトシ　サリノ　ナホシ　アナラ　イツノク　アタヒ　又腩　同　又ヨウ
偰偰　同　相列反　又止同　ヨシ

㑸　俗
㑖　青公反　又作　忪懼、遽、剌、慧、
倯　相容反　嬾、
傯　子弄反　ホムム　ナヒリ　ダヒナム

偬倥 ヰム キハマレリ 下控音
佊偲 二俗 惱字
𢡟𢡟 二俗 㥁字
カソム モトル アラシ
カムヘチ ニクム 音褰
儃 音多
トモ トモカラ オホヤケ
モテアソフ
葉音輕、
又盈椅反

伈 先杭反 オソル
伍 之成反 懼、遽、
徵 俗 徵字
㦖㦖𢡟𢡟 下俗
儉 音淡 ヤスシ ミツカナリ 今作淡
俺俺 下俗 於劔反 オホイナリ
傺 徒使反

偶 鄧音 偶、 三川
㥌 於蘄反 俗音德
億 上字誤作𠀋
㥩 甲俗
倒 二正
儁 俗 𡠄字
僕僕僕 俗正或 蒲木反 ヤツカレ ヤツコ ツカフ ツク ホトリ ナフネ クミ シタカフ 文音ホク

偐 字茲反 今ニ 又呂土ツ反
𢡟 俗 通 𢡟字
𢡟 上カ 川三 アヤフル ホサヒ
僭 籀文
僚僚 下正 音 聊反 作寮
僕僕 下或

僕僕 正俗
儚 帓僧反惛、
僮 里女反
衟 徒對反
㣔 巾、
借 子亦子夜二反 カル カス タトヒ トフ ムカシ カクス 又音者ク
債 光音武、

催 俗 權字
儚儚 薨三正 夢音 昏、
僮 或 塵音覲 川トム 禾ツラハス
僮 禾ツカニ ホクナシ 僮俗
俯 又
儒 干紙反 不安、
儞 罵言 人姓

僩僩 二俗 字旨 閒反 姓、
儚 ナツナシ オサフ
俾 ハヤラホ
閒 トフ 上音ニヤ
僞僞 上俗 イツハル アヤマル ソラス 守人 丁子ク ハツ ムコナホ 荒賜反 又音ク井
儴 奴鳥反

僅 堇音 丁里反 又
備 猫音
儢 ツカロ ヤソ
倩 アサヤカナリ
休 コホクキ
僊 於塞反 又於乞反

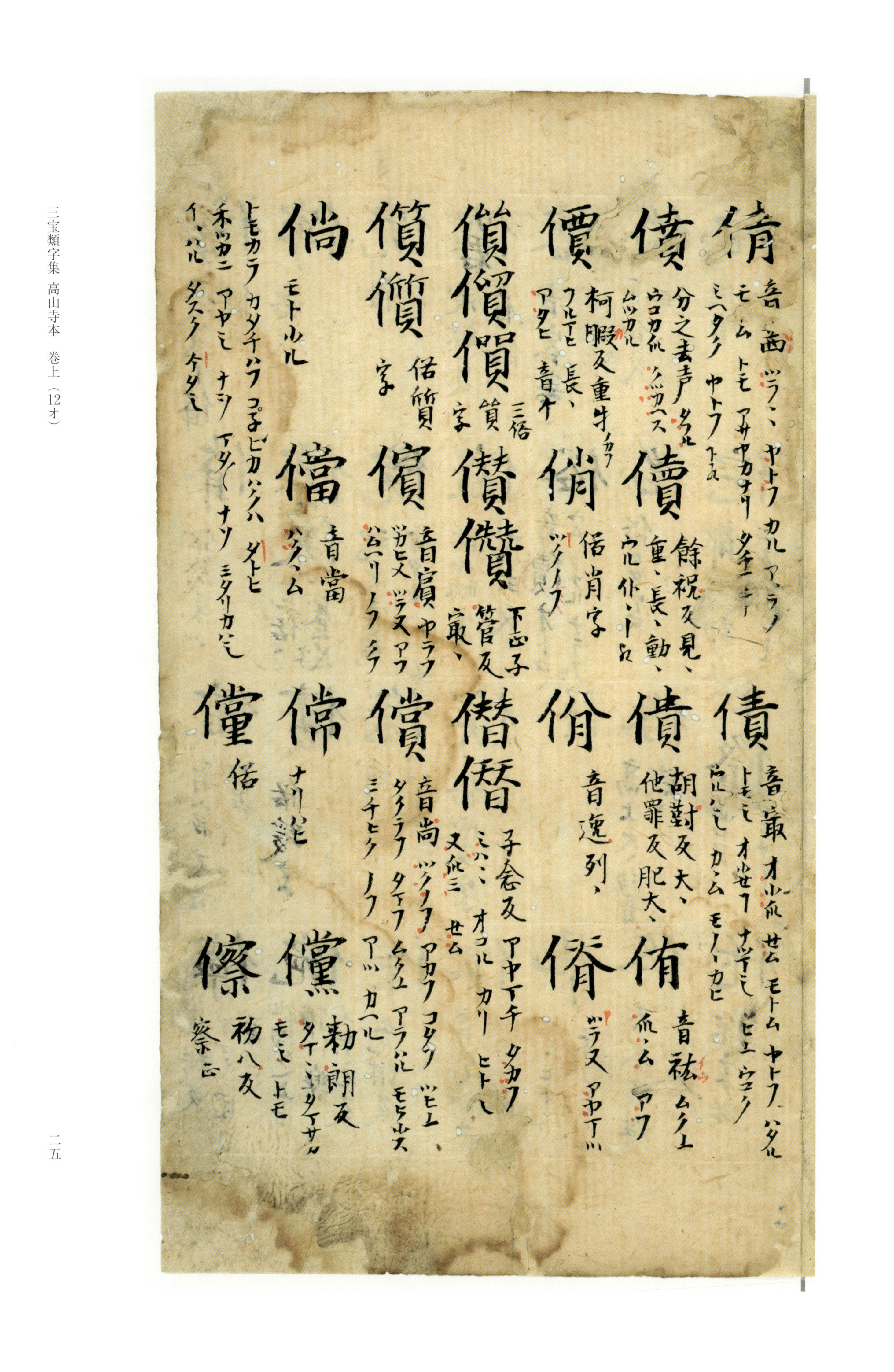

傛 巨八反ー倚 健皃　倚 呼八反　倌 音官 又音 管　儜 女耕反 ヨワシ 困、悪皃

停 俗　僊 二俗 蹇字　僾 俗 緩字　俺 鴛鴦之上声 又於元反 憐、樂、

俒 俗　俒 魂之去声 トタヽ　俔 同　保 先絹反

僒 求懃反 肩傴　僦 俗 字　倸 俗 字　倭 音安 宴

㝥 音客 華、　俗 音續 オトコ [illegible]　凡 ー タヽヒト [illegible]

佫 下各反 姓　佫 俗名字　佫 高上大、旧音 毀、　佟 太冬反 姓

佗 隠音　佗 都 勅家 二反　ー 傺　仛 宅字 俗

俿 或訛字
俿 恥各反 寄、依、思示、
倱佡 音䰟乇 之上声 大而無形
傜傜 下俗 音遥 ツカノ

㑩 正
傈 女懍反 弱、
倭 俗姓字
俸 俗季字

俚 皮氷反
俈 俗与ル
債 女禁反 ヤトフ ツク
儀 俗裓字

傃 又絡如針反 又如鴟反
倭 於為反 長、又烏和反 ヤトト イタム
オモネル オコツル ヘツラフ カタムユツル
佇 正作貯 ネカフ、ツラフ ヘヌム ヒサシ トナフ

下ぶ タノフ トヽム トテル ツモル タチリ 呉音儲
ウカフ ヤスラフ アレナリ ノソム ハムヘリ ノゾ
タム エラフ
延ㄧ タチモトホル
㝁 トル

㤖 勃音 怨、 恨、
倖 同コヽシ
從 諫音 衆立 又山頂反
儸 タチイテ

徒徒 知俺反 人走、
傫 俗貌字
佷 胡墾反 セメノソスナ ヒルカヘ モトル アラソフ ムタノ フヒコル ミツ
タカフ モチヰル ナカル イツクノ

[illegible]、 俗卿字

側 俎棘反 ホトリ カタハラ ソハタツ ソムク ホノカニ カタムル カタフク ソハル カタイカル ソハカニ ツタフ スミ アリ 音ソク 又ー ナユカヘリ

従 俗従字 下音田 ソムク メクル

俳 俗悲字

徘 音排 タハフル タチモトホル メクル

ー徊 タチモトホル ヤスラフ タハムル

佻 勅聊反 カロシ タチシ トモ ミム ニクイヤシ

佻 或

仳 禾カル

仳 匹規反 禾ル トラフ 禾カル

偕 音皆 トモ トモニ トモカラ ヒトシ ミナ トモナフ トモカフ コハシ ナラフ アマネシ

倱 胡本反 ー化

𠊊 布迷反 アヤマテリ

偝 背経多作 ムカフ

佌 音此 又徒 小々

佪 同

佝、 安二或

偈 丘烈反 其逝 又禾サ イコフ ツナフ トヽ イタル 音ケ

偒 以豉反 偒、輕、今作易 又神豉反 音易

傷 俗助字

傷 ミヤスシ 十ホロ

傷 ー傷 浪反 長直

傷 音商 イタム ヤフル ソコナフ キスツク オホフ

ムヒハ　キス
トノオムトヒカ
佯　烏訶反　佯不知、
佯　五[illegible]反　陽不知
[illegible]　ミハリニ　スナホ　アヒミ　クタノイチトヒ　ヒヒル　カホヌ　サヨニ　トナ
傲　正
佶　巨乙反　タヾシ　ツヨシ　タヅスコ、
古文　𨄅字

傷　又惕〻〻漬　又上去、
仔　音子　竟、　タフ
傺　ミ又ハ
仍　未詳
儆　音稚會
佶　口[illegible]反　急暴、　サカユ　ヤスミ　ナヲ　タノミ　アヤナチ
俿　[illegible]　[illegible]字

儻　俗　儻　同　儻長皃、
偂　俗　前字
仞　俘　俗
仍　字
盈　音盈
僬　俗　漁字
傾　俗　擷字　呼結反
僦　俗　擦字

傺　撰音　エリシ　ソネフ　ツヅナ　ミル　ツヲフ
仍　如陵反　又詞　呉音乗　ナホ　ヒリテ　ツイナ
俳　昌六反　ハミス
[illegible]　[illegible]　正
僚　渠命反　又亮反　アカチ　フルミル
僦　即就反　ヤトフ

俌 撫上 タスク チカシ ツカフ

偫 直理反 トヽフ

徛 侶持字

侍 時至反 ハヘリ サフラフ ツカフマツル ノソム ミタカフ

儔 音導 又陶 又疇 タクヒ ヒトシ ツク タクミフ トモ トモカラ カタル ナラフ 又音籌

傳 音椽 ツタフ ヌカツ タノム アマネシ タスク オクル ツテニ ツテニ タヽ オシフ イタル 又平

儔 正

傅 音附 ツク カシツク ツカフ ミヤツカヘ

偵 勅令反 候、

傎 田音 顚 正 ミル

傎 タフル

値 直吏反 アフ アタル 又音千

僿 侶置字

儹 顛 侶

侹 侶徙字 他頂反 直、代、長、

僆 字識反 飲 細、健、疾、

健 同

僆 華練 貳音 斐生二子、

僅 達音 逃、

僫 科音 美、

儃 トフ テ

𠎝 渠達反 コヘシ タヽ カナリ ツヨシ タム 又音見ニシ

閇 ｜ タニノ

強 ｜ シラフ

侹 侶 近字

𠊱 上蹁正　𠋝 俗𠌯　僑 俗僑字　衜 丁故反

𠈓 ハナル　㣻 未詳　衛 俗衛字　𧗳衛 衛字

𠑮 胡櫕、反　儔 音䡎大、アキヒ タカシヒ メツラシ イキヒ タヽシク カヽミ オトヽケヒ ヒラム ムム コモ 又音疇　衛 俗𠑮

衛 音隟疲、 勞、　衙 五加反　衛 俗衛字　衛衛 二俗 衛字

衢䚂 二俗 䚂字　衍 俗衍字　衞衞衞衞衞衞 六俗 衛字

衛 巻字　衛 俗衛字　衛 尹世反 ヘノヒト　衛 音斯養

佉 下手反 亭名 タハフル　侉 正　侸 丁侯反　侸 音樹 立、

僜僜　都鄧反　又日陵反　辭行之皃　上俗作　ツクリ　タイフ　音ノ㕣

儶　俗穤字

僐　火之反　タノヒ　コノム　ヘム

供　居用反　ソナフ　タテマツル　トモ　ツカサトル　ノツム

僄　音又　タスク

佑　子賀反　タスク　ヤシナフ

佐　音又　タスク

儧　士眷反　具ヽ　エラフ

佸　音括　會ヽ　望ヽ　至

㑁　丁兼反　下垂皃　ー佸

傐　俗

佸　音古　又故　苦　タフル　ノキテ　クツル　アタヒ　ヒト

佷　強音　フセリ

佴　音貳　次ヽ　ツク

㑁　俗尼字

傳　音申　ハラム

儻　之涉反

儣　オツル　スヘテ

僣　僣　俗差字

僣　俗僭字

儲　音除　タクハフ　ソナフ　マウケ　ノコス

僭　帝戰反　姿ヽ　ル

僋　王危反

𠍤　俗

儹　俗又直略

𡧋 徐林反 音　イタル　フムル　コソ　アエフリ　チカシ　トモカラ　ナラフ　ノフリ　ツク　ミノトコロ
如似 ニノリ
佀 或 俔 俗

不一 ミカニ

侅 烏對反 蒙音哭餘声
俠侠 下今胡頰反任、ハサム
佅 音大 伹

倈 力代反 ヒトリ ミミカミ キタル
佅 阝弭音 憮、
僴 限音 又枯限反 エラフ タチミ
爛 爛 二俗 讕 字

僴 田減反 癡、
倅 千内反 副、
倅体倅 倅 同
傒 又大又、怨、 オツル ナトル

佽 音次
傍 阜音明、俗捭字 徒ヲ反 今ミ オルトナリ
倗 音朋 タカノ
僾 愛音 ホノカ オツル ホカラカニ ムカ

佡 トミ
儴 如羊反 天霜 傷二音 ウル
儴 奴当黒反
儚 正

儱 他用反 行不正、俗又郎扎反
僙 巨項反 備一 不媚、
僃備 下俗 公頂反
㑺 音稱 ヌタリ ノタテツ タスク アノ ノリ イク 稱俗

俥 俗非車字
儗 音擬 カル ナラフ
偭 或閫正 偭域反
偭 音面 ムカフ ソムク ソムル ミツカナリ

價 音誕又禪 音熊、河、能、
儃儃 令正
僖 討二正任駐 二音 討立
侏 音朱 タケヒト 侏儒

ー儒 ヒトウト
儒儒 通正音濡 サカシ オロカナリ ハカセ ヒトウト ヒトナリ
僾 而兗如來二反 或儒字 ヤハラカナリ

偳 俗端字
侳侳 則臥反 ヤスミ ソムク 又俗痤字也
俙 音希 又火皆反 依ー、 ホノカナリ
僘 俗敞、

徼 無帰反 妙、細、無、非、好、
徽 俗徽字 暉音
儌 三皮反 頻、
侵 七林反 ヲカス ヤウヤク ススム ハカニ

偍 偍二俗
侵 正
偑 俗飢字
儸 音羅 又力遮反 タケシ

俿 ウカフ
偍 俗瑕字
侵 且之反 モヨホス チカシ ミチカシ セ、ナル

伇　怡謹ヽ[illegible]　イヒナム　トム　エタス

儜　乃可反　又那　音　オニヤラヒ　ヤラフ　タ、ナ

オソツカラ　ナソ[illegible]

僚僚　同音遠　左右両　視ヽ

㑷　呼郎反

儠　胡介反　隘ヽ

コトニ、ソニス

僧　俗習字

傻僾　同藾后反　オーナ　オム

伽　音迦　ヒル　ヒタカニ

例　俗利字

儋儋　下俗通　丁甘反

偖　昌允反　トニ

儭　初ヽ反　[illegible]

儸儸　下正字　音感大ヽ　俗又告額　反

倪倪　正音蜺　五上戸殘　適ヽ

㑳　未詳

傺　勅厲反　又字例反　又初介反　ホツラフ

伽　而指反　又如音

㑦　俗和字

儳　俗發字

僜　俗隥字克

偓　音亞　ヒル

俔　苦見反　又下顕反　[illegible]

便便　同房連反　[illegible]　ナラフモン　又嫂ヽ面反

亻尒　ナムチ
倦　渠眷反　オコタル　ウム　ツカル　タユム　イタム
俸　補孔反　祿音　諷　オーチ　又音鳳

憖　人善反　憖丶
着便　ツキニミ
方丨　便　同　ヤカラフ
将為丨　セムトヘ

将為丨　イムスヘ
丨即　スナハチ
使　所里所使二反　タトヒ　ミタカフ　ヤル　ヲサトル　ツカヒ　ツカフ　シム　セシム

假丨　タト　上在下
藉丨　二同
太丨　オホイナリ　オモ
副丨　スナハイ丨モ

就丨　タトヒ
向丨　同
若丨　同
正丨　同

設丨　同
遣丨　タチテタル
儼　魚檢反　ミツカナリ　オコソカナリ　イツクシ　アツク　ヒトヽナリ　カミコナル

俣　矩瑜反　トモ　トモカラ　トモニ　音　ミナ
但　音憚　タヽ　ミナトテ　ミカル　ヌス
儀　任張字
倀　張音　タフレタリ

俎　粗徐二音　ソ

𠈇 先力ヘ 驕、
𠊧 音梂 ムクユ 乃ム
俵 ロオ反
傒 音計 ツクカヌ 又ムクカル ツヌク ツキ
丨因 フミユ
傴 乃三 ヤカ二 乃丑 チカミ 未タ 少ヽ ミチ ノリ 一兮反 クヽセ セヽマル カヽル ツゝ ク

傍 倍𠌖 字又 倍牋 字也
俑 音學 又甬
佯 羊音 ヒヽ イツハル
傒 胡礼反 待、 或蹊
僯 又先反 ソムク 或拼字
侄 音質 コミル カタミ ツミヒ 大ム
丨背 クヽセ

𠊳 又 カヘル
俑 勇音 痛、
伴 蒲旦反 トモ トモカラ トム イタル タヒ アフ ノク
僭 或
僯 古舞 元府反 ナヒ カナツ
倒 音島 タフル スカヘス サカサマ カタフク カヘリアフ
僂 力矩反 カヽカカミ ヽセミ マカル タスク イトホヒ

𠆨 アム
倄 音スヽ 又羽羅反 イム 痛 両叫、 ナヤム
偓 ノク
俘 音孚 トル トリコ コモル
侄 侄 同 牛耕 牛益二反
潦丨 小ヽ タル 嗜 ユヒタル
僂 僂 今正

偺 俗酒 ニタカフ
伃 音余
|黙 コノム サメノ
他 俗地
侹 侹 二俗匡 字
仟 |捍字 音汗| カン
㭝 蒲北反 西南人

傏 音由
偌 音吊|儻 不仁
彬 音形成、 セイ
伹 俗蛆 七余反
㑲 古文宿字
仵 忤字 吾故反 或迕
㰊 西

僔 尊之上声 ヤツヤル 或噂字 |沓 ミ|ヨトヨヽ タナし 衆、
僤 五旦反 姓、
侀 令 ナル
僕 巣音 又俗 勦字ヒ
㑛 音助 又郎 淂反
吏 俗作丙閇 サハカし カナヒモ 奴孝反 又音 子六 カクラカス カハカミ
例 例 音勵 字ナリ ヒモカラ ナラフ イクル モトラリ

像 音象 好、
傾 俗頭字
佰 俗慄字 千感反
僭 俗|字
行 キラフ
㒢 俗爍字 鉛灼反 又俗樂 字ヒ

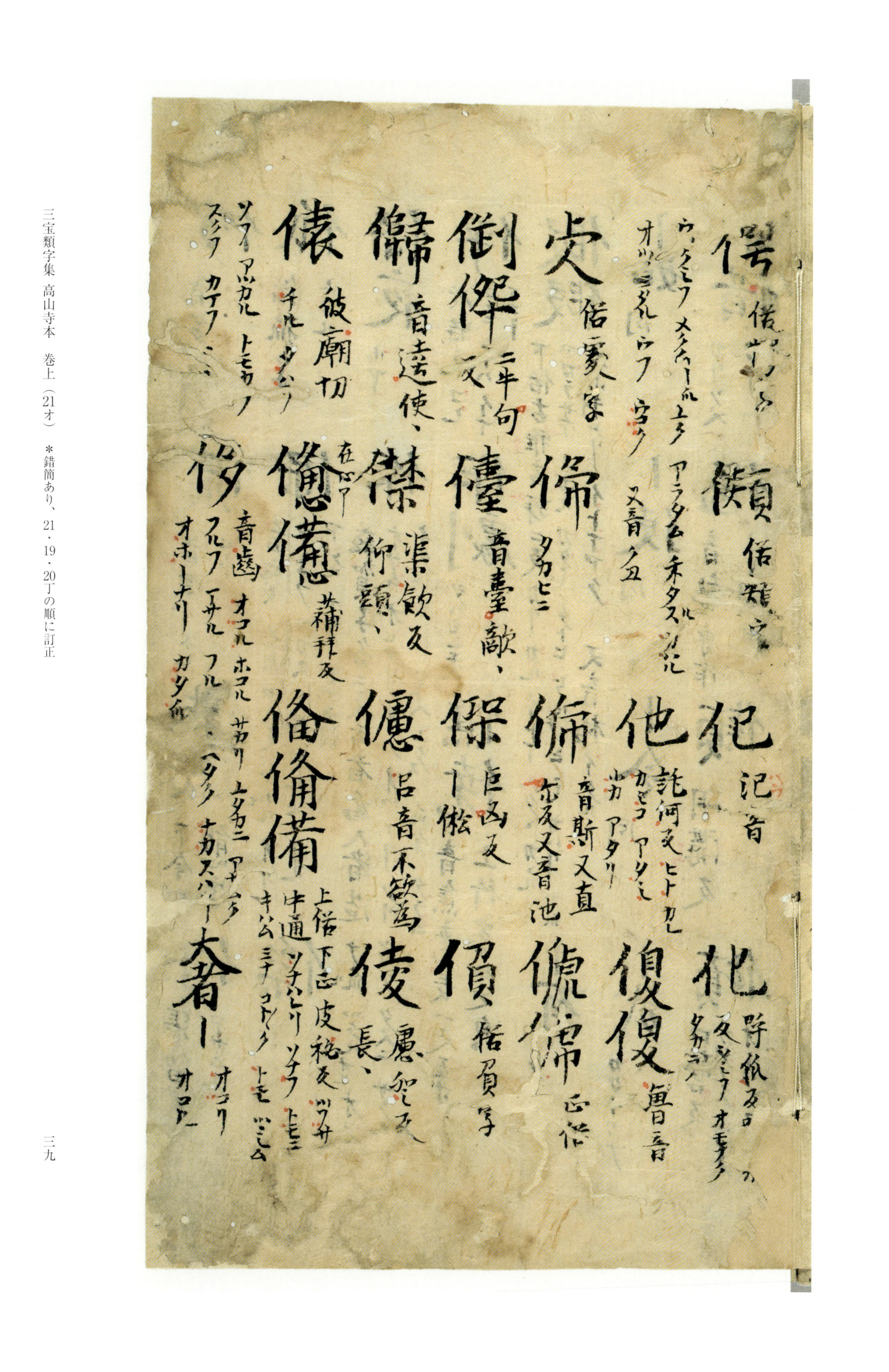

＊錯簡あり、21・19・20丁の順に訂正

儚 音タ

㑩 佸孤字 ウカル

保夜 ルヤ

伊 枝特反 コヒ

假假 下佸古雅吉訝二反 カリ カル イトナ ウツヽ カル
アカラサマ ソホル カタヒ タトヒ ヒルナ ヒモ カハリ カル
ナホキナリ イトナアク 又音格 イタル

亻如 同

亻借 カリソメ

儂 音農 禾乚 ヒト

保 音寶 タモツ ヤスシ ヤシナフ ナカス ミル アタル イフ カナラル キル衣 井ル

作 兹賀負子各二反 去者爲入者造 ナル
ヲサム ヲヒタリ ヲコノ ヲハノリ タメ ツカフ タヘニ サクル
イタル カハル ハヒス ムクス ルヤ タヲム

作劇 タハヒヒチ

亻使 同

𠊳 音韃專作 亻ト 耕皃

儺儺 下令 態宜 カル ヲリ

傑

儁 張留反 アサムク

僬僥 音焦堯 長一尺五寸 上行客心之皃

亻有

亻令 同

亻哉 カタイカナ

傾 胡溝反

傾 口啓反 カタフク 宜フ ヲレフ

況

偃偃　通正音堰　呉音演　ヤスム　ソラス　カクル　アフノ　オノツカラ　アフス　ノケサマ

僊　我

仙　ツヽアル　ヤスミ　ウヒヘノ　アルクル　イラカリ

侶　傍　墜字　在

倜　ヤフル　オナシ

　　ヒスカシ

𠍱　チヒサシ

旅　音　ヒトヒ　タクヒ　ナレツ　カクモ　タトヒ　ホノカナリ　タム　オサフ　イタム

丨卧　フル　ノーフル

佩　音背　オフ　オムハ　カツク　オムキ

訊　音壯字

儈　ヒル

佁　ツツム

偶　音藕　タマサカ　ヒトコロハリ　トモカラ　アフ　トモ　タクヒ

儴　音殷開　衣領

倳　オク

偡　トヽノフ

𠍵　ミル

依　ヽ　タオヤカ　タノム

丨傪　自隠縦傲之状　アナツル　下居件反

優　音盲　サトリ　タカナリ　ヤスミ

僾　風木之　クハル

偪　鄙方反　或逼字　イル　セマル　セ一

倨　カクル

偫　ノラム

倠 モチ井ル

倫 トモカラ タクヒ ソトル

僭 音侵 又炎 昊反 眠ー

佬 古彫切ーゝ 大良

侐 奴孝反 佸 丙字

㑪 乗音又 孕 亖 ー

侮 音武 アナツル カロム オコル ミノフ

傣 楽故反 オモムク カナフ タカフ

信 在言ー マコト ツカヒ ミテ シルシ ツカフ アヘラカ ウヤナフ キハム

傳 僊 未詳

傝 イヤシ

候 或嫉字

倿 アヤーゝー

㰳 フクリ介シ

儀 音宜 イ スカタ ヒツホヒ ヨシ ナラフ フルナヒ カタチ メツラシ カタフク キタル ウル ツナフ オホイナリ ミナフ ムヘナフ ホサ ウノ オモシ セム アカス 亖行 トシ サネ コレ スナハチ ツトム

俚 ノヲ フタヲ 音里 イヤシ

傷 ウカリ キサ

僫 音瓊 又古 嫈字

俓 昊音 徑、

僊 ウルフ

俺

傿 イヤシ

得

第二彳篇

彳 丑亦反 ノスム｜ 亍 タスム 下恥録竹 律 力出反 ノリ ノツ ツネ ニツ

彳 アユム ホトナミ 亍 句二反 川ル ハヒ文 トヽノフ

徳 多勒反 ノリ サイハヒ メグム オタル

トル アツシ ノホル アツカフ 音トク 得 都勒反 亦 足、 イナ、 𢔶 得 亦 今

修 音脩 オサム ツクル ツトム オコナフ 所念｜ オホヒ オキテ、｜者 ナト、

ナラフ イタル ツクロフ カナフ ミタカフ

ヒラク ナカヒ 攸 在ム 卯

脩 音同上 ナカヒ 循 音巡 メクル ミタカフ ヒヒ オサム ヒル 𢖍 音叔 宿 呉音 タチテキ

タカヒ ウフ ナラフ並 カール カサル アカキ アフノ 二カニ アカフサニ

オサム ナラフ トシヒ ユク ツキ ノカヒ ナカヒカヒ

慫 翼周 徐 音逍 エク オチ、 オヒフ サトリ 一

ツトム カサル ミタカフ カナル ヤウヤク オ

往 州冈反 上　イヌ　イヌ　ユク　ツカハス　イタル　カシナノチ　ユクサキ　又音未四　一日 ムカシ 十コ イニシヘ　モト　ミス　サル　サノ

徃 去

已ㇾ サキ　ㇾ昔 ムカシ　ㇾ者 同　ㇾ日 同

ㇾ古 同　刀ㇾ 同　ㇾ日 ムカシ タヒ　復復 房富反　トタノ　サフ

カヘルチ　ムクユ　下サル　カハル　ソフ　オホフ　川ク 吉　トル　ツカフ　ヤブル　フタヽヒ　カヘリミル　カサネチ　音伏 カヘス　ㇾ道 ヒヽ三チ　復 吉退字

後 音后　ノチ　ウシロ　ミリヘ　オクレタリ　オコタル　オソシ　オクラル　又音 下 徬　向ㇾ ムカフ　已ㇾ ノチ

汳ㇾ 同　徬 子公反 數ヽ　徇 音旬之去声　トム　大ル　アマネシ　徇 同　ミタカフ　イトナム

何 已徇反 徇　ミタカノ

徼 莫飛反 又音三　アヤル　ナミ　ミチ　トヲフ　ミハラク　カクル　ヒソカニ　ウカヽフ　ヤフル　スコミ

ハカナリ　スー
ホノカナシ　カスカナリ
丨遂　ハヤスオフ
同又旨旡、大
徽　有カ
ヌノ　イカル
ウハル　トル　アテラカ
イタル　スミ　ヒリツノ
彶　居乃反　トク
フルナフル　ミタ
サナラフ　アフル　スム
ハカリ　キル　アハレセン
ツカフ　ツカフ　コタフ
トモカラ　ヒリツノカ　ヒリ
ヒトリ　トモ　トモナ
キテノ　ウツス

微　上通　下同
徽　音輝
黴　其悲反　又妹　音爛
徵　音叫
彶　甫曉反　帰
御御御　同　佁　正
丨搏

徵　音澄
徽　上通　下正
黴
徽　同
御　奥擾反　オサム
從從　通正思　紫反
從從從　上中通下音縦
徽　音同幟
徹徹　通正　列
彼　甫委反　カレ
徒徒　下通　音途

サカフ オソノコノノ コトモナシ
衙衙 衛従 タヤ ヒコヤ
十丨 十二カハスル
丨仕 ツカフ コトモナシ

丨来 モトノイ
自丨
従 音主 七恭反 丨容
徒跣 ハタシ

丨然 ツヒニナリ
丨御 ノルトツヒ
徯 遐啓反 下ム 小路、或蹊
徑 音敬 アトトル ミチ、三千 ホソミチル

タチ 或遅下迤
徐 音蜍 ミヒヤウヤク オツミ ヒツミ ミヒラクノ ミムカ オモフル 音亭
徧 人㐅
俸 抉用反 ヨ、

根 痕之上声 ミダカフ 俗很 モトル 違、 詃恨
侵 俗侵字 オカス コロス ハフ オヒエ コモミ フカミ
徥 促字
徘徊 在人部 タ

徊 正 ホカル タチモトホル
徬徨 見人部音 傍 ヒロ、 上タ
彷丨 同 タタスム 下ム イトトエ
彷徉 房羊 二音 徘徊、

ワスラフ 上タ、
徂 在胡反 ユク ノス ハヒム 存ヲ
徐徲 在人ア 上音霊

ホノカ
知 狙 サヒラカナリ

𢕟 古ツカ 復、習、正、
彳亐 同
徎 領音 又除領反 徑、
𢔛𢔛 同 女久反

𢖍 先巻反 行白 駁字 又所劣反 正𢖍字
徥 𧾷體 二音 則、又宅買反 上ノ
徚徚 下今音 聿移 去声

𢔩𢔩 同峯 音使、石橋、跌、
種 正踵字 腫音 蹂、行、爪口
𢖶𢖶 下正 先羊反 遷
徛徛 下正 去奇反

徝𢔉 下正 竹志反 絶、馳、
𢓭 音嫱 媛行 白

𢕫 靡字
𢕸 音佢 又除飢反 俳徊、旋、
徠 力該反 就、至、カヘル ヒタル
𢖵 オツル

𢔌 陟字
𢓊 祀字 ツカス
待 音怠 下ツミル 給、逗、ツナフ トム ナスラフ ナネキル アカル 音台

𢓯 ツナフ
征 之盈反 上ゲ正 ユク ツカス オコナフ チカラ
𢔤 上ノ
徧 浦見反 遍俗 ヒロシ ヘル

𢕟 俗僕字　ツラフ　ヤツカリ　タヤミ　ツカヒ　ヒト　ムナフ
𢓴 ユク
𢓍 ユク
𢖩 ウツモリ

𢓊 ナク
𧷏 ユキチトキラス
他 ユク　ヤスム
徖 ヤスミ

𢓜 ムチミ
𢓽 方宗反　エタ
徭 タヽ
徯 ミタカフ

術 ツミ　トカ
徫 ユタカニ　ツカヒ人　アツ
衎 コミ
伐 ユク　トノ

𢕜 ツカニ人　アノ
𨞰 ユク
衛 フセク
衝 衝二十　徒重反

行 遐庚反　ユク　ヤル　イキイミ　アルク　サル　ニフ　イキ　サイク　ミニキ　ミチ　フム　メクル　ツラ又　又胡浪反　オコナフ　ホサニ　ホサ　オキツ　ナレタトス　ツトム　ツラ又　タヒ　アヤナル　ツナミ　アタル　アタ　ナカル　タクル　ナケク　ヒク　サイール　コレ　カタチ　モチヰル　二音　スイ　フツリフ　マロ　ニタ　タ烈　又音キ中心

𧗟 チハノチ
元景行 メイキ　スカタ
𧗾 行ヽ　句衢二音　テヽ

衢 音劬又去 チマタ　衎 音旰又音 佳 チマタ 三年 玄　丨衢 ノチマタ　衛衛 同 手歳反 チモリ
テモル カクム メクル 音丑　徫 于肆反 三年 玄　術 音述 ノリ 三年 タノヒ ネカフ オキテ タクム 八合　衍 音漢 タノヒフ ユタカナリ
衒 ヒシ　衡 行音 ヒラナリ ハカリ ハカリノオモシ ヒコタフ タヒラカニ イタハラ ツノ ヒコサナ クノヒキ　衡衡 正 今
衡衡 二俗　搉 丨 カラハカリ　衙 音縣 テラフ ウル ヘツラフ ウル アサムノ エラフ カヤカス キラス ナラフ キラフ 又音 化 ヒ
衛 正　衛 齒 能反 マモル ツク　衛 同 ヒコタフ チマタ ツノ オコタ ユク ムカフ ミル フム ツイカサス オル
衍 音演 ホシイマヽ ヒラノ ノフ ヒタヒ ユタカニ タヽヒ ノム ナスレ 三ツ イタル ホトコス ヒヽ テホル トホル　衍 同 俗 衍 キル ウルハシ　衛 下秋反 ハシ ハヽ カシ ヲム
衒 フム 又ル ノム　衎 三千　衒 徒 凍反 トホル イタル チマタ ウルハシ　衕 似 前反 陥丶

衜 衡 古道字　衞 音道　衘 胡鉀反 チマタ　衏 古鮪反 軌字 道、迮、

衜 ヒラク　衕 音平 オホナリ トラフトコ トフ トヒ ミチヒノ ユク アミタ 又音奥　衛 所律反 令為寧字

衙 踐音 ムム 踐字　衝 チキル ユク チマタ　衛 アタル　衛 俗衞字

衛 王懸反 車揺　衡 ハカル　衤 サスラヘアリク　袖 音宙 宙字 後、

徭 徦 音格 イタル　徲 徲 下令大奚反 又蹄音久、

弟三辵篇 夂

廴 田略入 作行[illegible]丨 今變作丨
道 道道 下正 音稲 三千 イフ オモハク ノリ ミチ テタリ 傳 ヨトク コトハ ナサミ アキミ 学 トモ オホミ
又音随
馬丨 俗ミ大ミチ
徽丨 コミチ
間丨 カクレミチ
地丨 ミシハミチ
治丨 ミチハリ
礒丨 カマノカミチ
聞丨 イフナラク
丨行 音樂 三チミチ 三チクラヘ
徒丨 同上
逓逓 下俗 音帝 不進
邐 盧賀反 サフ フセク フサク ヒトシ ヒラク チラス
遘遘遘 俗 籔字
遖 遖古 李兼反
遖 清古反 又清漸反
邐邐 下正 力尒 反 ヒシ カタチカヒ ナコヤカナリ 禾ク
迈 俗 訝字 音傍 トフ
迋 音峻 トシ フルフ ハヤシ スミヤカナリ
迀 フルフ トフ
達達 音師先 導 或 辭字
迷 俗 悉字 秘 迷反
迷 莫雞反 トホフ タカフ ウツス ムク
遏遏遏遏遏 補田反 サカヒ ハカリ ホトリ 禾川
遏 正
遏遏 俗 俗上

雨ー コナタカナタ　我ー アカ　人ー ヒトノモト　遊 俗済字

迮迄 下正 音侘 オヒフ イタル
ミミ オハル コトミク ハヒニ
辿 尓音 チカミ
ユハル ナク
ハルカ 古文
邇邇 正
ミミ

近 側草反 世ハミ ムホミ チカミ サハル
芸 セナル ミハカ タチナチ オトロ 呉作
遼遼遼 中正下 俗 音聊
ミミ トホシ ハルカニ

遲 俗 大丁反
ミミ イカ半 ハクタノ イナヒカリセ
遲 正
邏邏 俗 字
逮 逮
逮 音代 又弟
正 隶

オチホス イタル 上
ミタ コホルス 今音 ミイ
逯 俗 音録 サル
ノカル ミチナフ
ミタカフ ユハル
逯 口點 竹季
ミ反 前 頓
迨 徒戴反
正 隸 又殆音

オチフ イタル カタミ
オチ ハヌカ
遻 布孟反 ムヤハミル ナル
ハトコス ナラフ サスラフ
ハヒコル ハヒリチル
ソミノ トミル ムヒコル チラス
遷 七遮反 ウツル
カハル サル カヘル
アラタム ミヨソノ

遷遷遷 中下
俗
ミミ
遷 正
逋逋 下吉 音晡 博護反 ノカル
ミミ オツミ ハミル ナクトム

遑 音皇 ヤム イム ニタ

何ー イ、チカイ 又ル

邀 音梟 呉音交 又古了 於堯反 サイキル モトム チキル ハフク タ…

邀邀 タタ下し 上正

選 相兗反 先箭反 トトノフ ヒトし エラフ スイエ イル ヒトし ミハテノ サツク

邊 音詎 スミヤカニ ニカニ タチナニ イソノ イトム

迩迩 ツタフ オツ アハ ヤミ

邃邃 上正

怱ー スミヤカニ

促ー スミヤカニス

邈邈邈 オイル ノカル ミタカフ 中正下俗 莫角反 ハルカナリ トホし コトナラム ハルカクカクル ミル ミタ

遂 音皷 トカル ハル ミリソノ

這 音彦 又音 石反 俗癈音 ハフ ハヒイル

逐 ワカシ 張倫反 ウヒフ メクル

ー遭 又上声 下音 鱣 ウチハヤし

遭 上 俗下正

逮 音来 又郎代 アム イトマ イフコト コトモリ ムカフ ハツス ニカフ

逯 正

遙遙 餘招反 ハルカ トホし ヤウヤク

邇邇邇 相邃反 ハルカニ トホし フカし

逮 又キタル イタル

遭遭 七 俗 イネタ リク

道ー 霄 アツフ ヤウヤク ヌハル 上音

ー黠 トホシ ヒソ

邃 相邃反 キム 又音 スイ

遂遂 二俗

逢逢 古下俗 撻字他 達反

速 素木反 スミヤカニ メス ト〻 サツフ ト〻 イタル キタル イタル

遬 或

遅〡 オソサ トサ

迤迆 陁移二音 タシヤカナリ ナヽメナリ カタチカヒ ミリツク ナヒカス トロマフ アフル

逶迤 タシヤカナリ 吴音威移 上於偽反 ナヽメナリ アツナル

透 舒 音抽音 又他豆反 スタク スクリ ツヽツク タカ〻 ノソク オトコスム オトロク オトル タル ツイム ナイキル

退 通去對反 ミリツク ナカル ヤム インク オホル

退退 二正

〡給 トケタイヘ

迺 古

迺 俗 迺字

遺 或 慣字 古 患反 習 ユクトホス

迺 俗 通 迺字 音乃 スナハチ ナムチ タヽラ ユク

遅 息廉反 スヽム アトミテカナリ

還 カヘロク 二ニ

遡 サカル ト〻

遏 古文 トシル サク ホトホス サカル

遡 ト〻

邊 音唐 ト〻

邊 正

邂 胡懈反 音皆 タヤサカ

〡逅 下胡遘反 タイサカ アク

逅 俗
逅 音詬 スミヤカナリ ウル
遘 音搆 アフ カマフ ハムク カツ
遘 正

遻 俗 迕
遻 五各反 アフ アフル
遻 遻 正
迫 音百 セムサル セマル チカシ ヤカル オヒ上

タチマチ ニヤ二 又音ハク
退 未詳 ノク
邉 未詳
还 音不 又浮

迓 タクヒナシ コヒカテ三
让 未詳
遡 遡 下正 音素 サカノホル ムカフ
迯 婢滅反

達 ミチ チナタ オホイナリ 音薦反
遷 俗
逸 与質反 ヤスム ホシイママ ハナツ スサヒタリ シトル オコル サタム タチマチ ノカル

トク ホロフ スクル オノ アヤマル
逸 正 遼 未詳
遷 遷 下正 力主反 又力良 反連
遷 遷 下俗

延 田延反
辿 俗 オコタル
辷 オル ハキアタ
遼 遼 俗趨 字

迁 音千 又於跡反 メグル サル タミタリ トカル ハム ニラル ヒム サカル

迁 正

迁

還 音環 カヘル メクル 又音旋 トクラス ミリソク ハタヤム 又音外

還遺 下俗

往 サフラフ

適適 下俗 音釋

アツヒ タマヒ ムカヒ カナフ ノフ アナナフ スナハチ トサニ

カヒ スグヒ ミタヒ ヤハラカニ トム カル エタリ アタル

トノフ 又音歒 カロフ ナゲサム ミツカニ トコトニ サル

迒迒 亢音 又

迈 石音

遈 斗音 又外 音

遷 俗恭字

遁 俗脩字

遾 俗

遷 俗饑字

遖 俗権字

逷 音關 トム ヤム サフ タシ タツ ミリソク

潜 俗葉字

逿 俗隤字 又頽

迷 遻結 遍 俗轂字 呼甫反

逾遠 遷 徒堆反

遑 俗頹字 呼俗反

迪 音狄 イタル ススム フム ミチ トサシ ミチヒク イフ

遥　俗
遄　音篅　トシ　ハヤシ　スミヤカニナリ
タチマチニ　トシ　ネヤシ　トム
カツヽ
遄

廻　音回　メクル　トホシ
ハルカナリ　サル　カヘル
ハルカニ　三年ヒ　オホシ
カクラフ
迺　未詳
逥　正　廻字也
迂　廻　タミサカヒル　タ三メクル

一帯　ハヘリ　メクル
巡　一　同
幾　一　イクタヒ
逈　逈　下俗　音　弁やら　トヲシ

ムナシ　トコロ　アラハナリ
ハルカナリ　メクル　カヘル
イタル　ナシ　オカシ
迥　徒弄反　達　トホル
逌　逌　音由
逌　同音　所礴　小咲ヽ

逈　ミヽ　ケイ　トコロ
遺　遺　下正　トモシ　音ノ弁
遭　俗
滯　徒帝反　ハカカナ　トヽコホル　ムクサル

達　今徒葛反　メクル　サトル　トホル　カナフ
ヤル　タツ　三年　ミカハス　ツウサニ　ナラス
ムク　カヨハス
逢　正　音随千
達　達　二俗

洞　一　トホヒリ　トホリ　ヒラケタリ
迕　音悟　タカフ　オロカ　ムカフ　オカス
迕　未詳
遇　未詳

這 俗甚字
遯 或ノカル
遂 淡字
辻 古徒字
䢥 俗親字
䢦 音迹
　スミヤカニ　タハフル
　オトリ　メクル

遒 音鈍 又音頻 ノカル 仙、サル
　カクル ハヒコル シリ ナフ ヌスル
遼 苦告反
逭 戸官反
邀 俗敖字
　五刀反
　アソフ タハフル
逄 俗捺字
遾 俗
迗 古

䢷 俗
逗 音豆 下ニ
　或ト上
　ミチ トヽムマル
　カヽフ トヽセ キヽル
　イヽヌ ヒトミ
　ノス
遡 俗消字
途 音塗 三千
　ア ト
　ハ ミ
　徒
逌 勅正反
　シ
逌 遊 俗

邇 遒 俗
飛 俗緣字
遛 遛 音留
　遅一、
　シハニ
迆 俗地字
逾 俗
邋 遊 下正音
　由アソフ
　ウカル ミニ
逾 音臾 コエ イヨヽ
　トシニ スヽム スヽメリ
　一木ル カロム コニ

丨邁 下弁上〻
遞 正 タカヒ
遆 音提 サカニ オカル タカフ タカヒニ
追 俗隤字
达 弋之反
达 徒鉄反跌
遻 俗𨖼字
邁

逗逓逞 俗音梗逮字
遰遞遰 三俗 タカヒ
追 俗龜反 ヤラフ 又音川イ サカフ 又音磓
追 寇名
逭 胡貫反 ノカル ニグ ユク メグル アタル カナヒフ
达 ナムチ
遂遂 下俗 俗蒙字
違 音會

遆遞 音第俗 遞徒帝 徒礼反
遆 俗遞 オノル チカフ タカヒニ オフ 音帝
迯 都雷反
迭 大結反 タカヒニ カハル ゝ タカフ スミヤカナリ カハリ スヘシ ヒトトし
迭 トツし タカフ
遶 下基反 般没 或声 未詳
遻 俗𨖼字
邁邁 下或莫拜反 ユク スク オコナフ スゝム カヘリ ハトム ウフ
遐 スカル
邀 音敎 恭謹 行

𨑛 音征行　遜 音由 疾行　迪 音跋 ハミル　廷 于兕反 ミチ トロノ

遳 同反 ミチ ヒロシ　逩 音交會　遭 音獨行 ヒル タカル　道 ツタル イタル

遵 正　迻 音移 ミタカフ ハミル ウツス　𨙵 下正音 黎小息　鰢 竹句反 不行

迟 去逢反 曲脊行　𨕬 烏玄反 行　遴 力刃反 ムサボル ハカル　遴 正

逑 音求 トモカラ タグヒ アツマル サツク カナフ ハヘリ トモ　述 音術 ノフ ツクル メグル ソフ オサフ ミタカフ ナラフ　迯　遒 音酋 ヤスラフ

遘 胡貫反　𨘦 音獵 獵、　[illegible] 正　逕 下俗 音十中呂 三千 ハルカナリ

タ、フハチ ホトル ススム　遷 人一反　遂 士洽反 疾、　迺 自秭反 長、 タチマチ

タチニカヘル

カラフル　カハル　セム　セテル　オハル　オフ　メグル　天時
由反　縣名　ニルフ　ニカナリ　ツグル　オサム　アツテル
ヘミヤカナリ　ツキヌ　セメトル
遉　アツテル　カタシ
遂　以見反　移

迣　又制反　禾名
迾　迾　下正音列　コソル　コフル
迋　迋　下正孔　音進
䢫　䢫　下或　蹀音　前頡

迦　迦　下正音加　不得進　カナフ
遑　遑　下正　勅角反　トツミ　丑略反　驚
遑　偕

丨躒　コエルノ丨名
逮　音賤至丶
達　或律字
迒　音航　又胡朗　反　アト　守ツヘノミチ

逦　或　フル　タル
逸　丁音至丶
逓　音的　又音
遳　音筮遠丶

遠　音彦上ノ
遫　音勅張丶
迹　音企　避遶丶
迿　音勿　トツミ

迴　縣名　音峻失丶
遊　或亞字
遻
遜　百赦反　無文綺

逜 音悟于、

邐邐 俗ー遊 字 苦懐反 アヤネミ ムク トツク トモカラ ルミ タク 又音ツウ

遞 音峻 失、 縣名 ウミナフ ウツス ナモミ

避 秘 反 サル ミナ ノマカル カムス サトス 又音ヒ

黄ー カクイ サ

遣 以見

莲 在草ア 徒丁反

逝 ルーイツ

迓 五駕反 ムカフ

讃 未詳

連 音聯 ツラヌ ツラナル トモカラ アフ ハヒキリ オヒク ツク ナフ ミクノ メクラル ーマカル

王ー 同

還 徒合反 遝ー メクル イタ 相及、 カル

逢 フナヤカタ

遺 音維 ノコル オクル ツクル トム

迿 正

遣 去闡反 ヤル イタス ツカハス セミム サル オクル ハナル ユルル

留ー タヽルム ヌキモトルル

遝 音合 オホフ

通 勅東反 トホル カヨフ ミチ サトル クツ

遺 同 イムル アタフ ミタカフ スツ ハナル アイル

注ー ミリクヘナハ ミリクヘ

運 音暈 ハコフ メクル メクラス ウツス ヒフ鳥

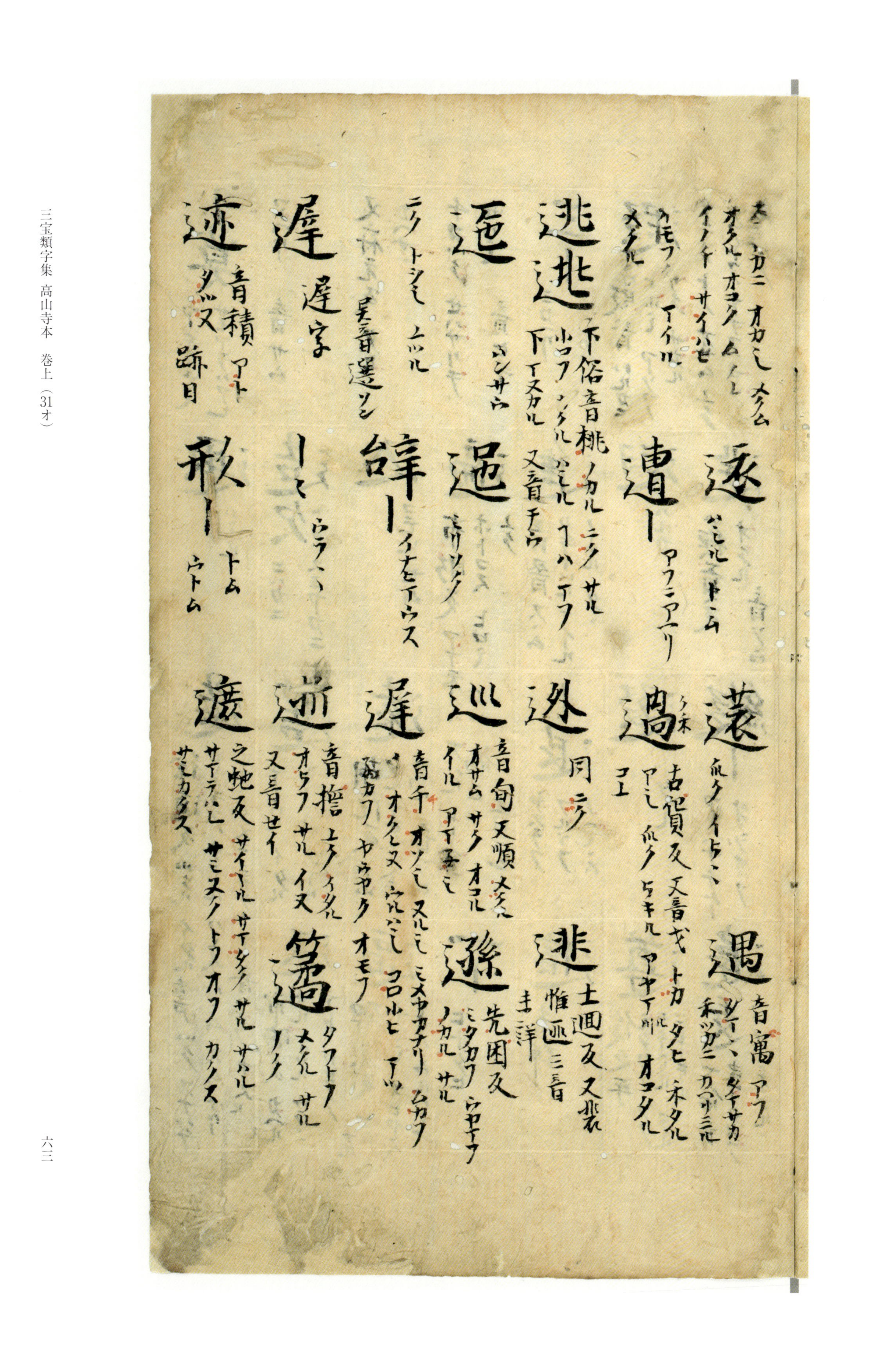

｜莫 アナイナクレ サモアラハアレ アヘリ 音サラ

又府元反 タヒ カヘサフ チカツク セハサリチ セハミ 音ヒチメ

三｜ ミカヘリ

遐 霞音 ハルカニ トホミ アソフノ サタ サカル コヲラ トク オサム ユク タクホフ ナナフ アツノ ミヽヒクノ

遫 ハミル

造次 ニハカニ スミヤカニ

込 コモル セム

遍 布郡反 ホトコス ヒロミ アマネシ ミツ 徧正 ユク

進 音晉 スヽム タテマツル イタル ノホル ユク

迴 ハルカ

逘 藾頁反 オソル 音ソク

造 徐道反 ツクル トフラフ ナヒル ハヒル イタル 去声 ツク スナハチ

遣 イニハル イタル ヒトミ アツマル

遠 胡阮反 トホミ サル イタ 又去 サカル 音シン

｜ 三ミ 徧正 オハル ヒトヘニ 音ヘン

｜退 ヤスラフ アルフ ノヘミム

遻 トツル

縱｜ ヤヘハチチケ ヰシツオフ

返 甫晩反 カヘル サル オソル ウラミ アト カヘフ

逼 碑棘反 セム チカミ オヒヤス セマル ミフ ウルハシ

｜下 ヒトタヒ

遑 未詳

遵 俊之乎 シタカフ ソフ モチヰル ヒキヰル

違 遠 下俗音 ミル タカフ

ソムク　ヒラム
カルス　カナフ　ムクル　ヒサル
遡　ノホル　上ヲ　ナモフノ
迢　音苕　チウ　ハルカナリ　コユ
辻　ツムシ
逮　ホソミ　カタフミ　カクル
迒　ウルナフ
遭

逐　音軸　オフ　オヒ　ミタカフ
逆　魚戟反　アラカミス　サカサマ　タカフ　ミリソク　サカフ　ムカフ　音キヤク
〻　ホノカナリ
遶　カタム　ムクル
逖　ホノカナリ
逜　ヌク　ホカル
遷　アーラカ　三千

遂　隨類反　スヽム　トルル　ツヒニ　アナネミ　タカフ　トク　トムル　オフ　ツクル　ヤスミ
邅　ハルカナリ
逾　ヰム
逞　ミタカフ
遠　オモハカル
遲　ノチミ

迸
遳　ムツノ
遏　セム
逃　ヒク
遭　音糟　アフ
迎　宜京反　ムカフ

逢 扶恭 アフ
ツク 去声 アヘル
サイツコロ 音コレ
逌曽 サイツコロ
迟 古文起字 オコル
迵 ムカフ
邃 二三ツ 今正
述 停
蓪 音 表

逄 同正
迊 通币字 メクル アマネシ
遳 オホイナリ 六 オホシ タヽシ ナヲヽ
遀週遭逭 詳 未
遾遾遾 俗今正 䢅
遼 ハヒコル
紀 古起字

迮 音迮 又定 名迮字 アツマリクミテ
迪 通迪字
逞 音騁 ノフ 通 タクマシ
逮 スミヤカニ 音亭
遼 竹邃 邃
蓮 俗 字

近 渠謹反 チカシ チカツクコノコロ 莫ヽ スヽ
迫 近 セマル チカツク
遍 ノフ
之 ノカコレ コノ ユク カクノ アリ
遼遾遾 俗今正巨居反
ヽ篠
遳遳 俗遳古 カ古反

辵部器

遠 于軌反 姓 人遠 音 丨志

遾 俗歸字

遊 徐售反

逋 音通 丨 草

邀 音速 牡第

遵遵遵 通俗正音聊 草木蹥荃

遨 ハルノ八

迫 月

述 音述 草

夂 令為引字

逈邏 チモリヤ

遂 キヒシ アツシ

胡丨丶音遅

夂 正弋丑反 長行丶

蓮 ハチスノ三

延 丑連反 安行丶 ヒコロ

迁 俗 ムカフ アフ チカフ ツヒニ オトル

文 令

迣 俗

廷延廷 定音 甲丶

逢達 居虔反 タ烈 イタル ヒロコフ オモフ コホル サル 音コン

逃 以幽反 ミチヒク アヒタ ノフ ヒサシ アツシ ヒロク チカツク ナカシ オモフ ヒロコル シリソク 爪ニム

迺 或

廼迺 俗

遶 ミヽ牛 ホトヒル

遵 ホカヒヽ口

廷 廷並俗字

第四匚篇

匚 方音 受物之器

匠 音上 吴ー唱 匜俗 タクミ ツヒニ 是反

医 昔使反 篋俗

匧 正 三

匜 勢音 文弋 尓反 匜迺

匼 ハヽ サフ

匡 俗 去王反 タヽス アサヽ タクイヽ カヽロアル オホ スヽメリ アヽス スケ ヤム 音況

匩 匤 ニ二

篚 或

匞

匴 蘓管反 竹笞

匸 全音 炊簋 ハコモノ ナシ ハルナリ カノ ヲヰカロ 音ヒ

三衣匣 サムエ コ

匵 音獨

𠥬 音忽 古器

匳 音廉 古篋 字ハコ 鏡ー、

君櫝ー カラノ ミケノ

匶 擀贛 篋貢二或 真音小柘

匬 音創 古器 ハコ

匴 音翼 真田器

匯 胡罪反 又 内ニ音

匰 音單 祭 字宙器

匲 俗 カラクシケ

匭 ヒツ

高匡 タカツキ クカ

匣 音狎 ハコ

匵 匱 下正櫃俗 トモシ ツクル ソコナフ

匯 俗

匥 音弁 筍

匳 匲 下俗 次 下古 音レム

匚 胡礼反 有所 使蔵、

匪 甫尾反 アラス ナカレ タケー

匽 ハコ ハコ

匹 遠位反 ヌスム ヒトー 異ー貴

区 巨灸反

匬 音令 舡艘

匯 又作匯 ヌノル

匧 陋字

匼 音軀 下于、 イヤミ カクス チキタ ヲモヒ タスク イキ タクヒ

𠥯 俗敀

匿 匿 下正 女力反 カクル メカル ハロフ ハトム ケカラハシ イマシム

匽 俗

医 於計反 蔵、 弓弩矢ゝ、

匽 偃音 カクル フル

匼 アハ タクラフ ヒトコロハリ ムラヒトヽし タクヒ 又音ヒキ

匹 俗敀 疋俗以

匹 如 ル ル ミミ

匚 辟吉反 疋下俗 ヒトヨ ヒモ スル カル スル ナラフ

區 音 梯 𠥱 𠥱

𠥳 䟫二俗

𠤷 同

匾 䮝俗 方顕反

巨 依音

巨 䑛音俗 頓字

匼 我卣字

叵 普可反 音破 カタシ ヘカラル

第五匚篇

𧺆　子厚反
走正　𡗕走走　二或下通
𧺆　俗通　ムク　オモムク　音ソウ　ハシル

趙　丁年反　タヽヘ　ハシル
趚　字巨反又赴　音敬花ヽ又歩　小反
趥　䞥二今
趫趫趫　三俗　イタル

𧽸𧽸　二或迸合　布孟反　ハシル
踰　音式俗又踰　音コエ　アククナフ馬
趐　俗翊字　子カフ　ケカス　アク　クハタシ
趫　俗儻字

趠　音垣　又音桓　易墻ヽ畏居ヽ
趬　去嬌去堯二反　アカル　タカシ　タツ
趬趬　二俗　タチサツク
趠　勅敎反又他弔反　亦音卓　縣擲ヽ　ハシル

𧼧　俗
趍　俗敲字　五高反
䞤　俗佯字　羊音
趙　布吳反　丨途　伏伯

𧻜　音徒
趎趀　二俗趀字
赽　七恚反　コサル
丨趄下　コサル

趤䞝　二俗　オフ
䟁　俗恂字　葵盈反
趫　俗𧽵字勅　𠒎反　大走　草ヽ
䞱　俗了字　盧烏反

赳　糺音　タケシ

趠　倍踔字　才恤　又　ノタル　オモムク

赿　倍迮字　ハシル

趨　都庚反

趐　竹交反　ー趨　狂走々

趧　力蔗反

赴　ー知掩反　音仆　オモムク　ハシル　コユ　ツク　音ユク　音フ

趡　七誅反　スヽ　ハシル　ウゴク

趭　子妙反　走々

趌　去岐二音　歙行皃々

趮　トシ　躁二正　祖到反

趫　音梟　蹺々縁　ハシル　ヒシ

趫　正

趆　他豆反

趍　今

趙　タチル

趲　ヒナ　ヒ公

起　音豈　オコル　タツ　ハタル　オカス　トシ　サラニ　オキスイル　ウゴク

ー弱　チコフ

趐　取驕反　コユ　カロシ　スグ　トシ　ヒトヘニ　ウチ

ム　オル　音チ

越　王月反　又音　オツ　コユ　コニニ　コト　禾タル　トホシ　ココロ　オク　オイチ　ムカシ　コトニ　オイチ　チカラ　カロシ

越　越二或

𧺆　カルシ

趋　スヽロク

趵　ミリヘシ　サル

趙　除矯反　ハシル　スコシ　ヒサシ　禾シル　トロコハヘム

趁　除連除善二反　移〻趍〻之邅字　カヽタイ

𧺻　コユ

䞦　正　直連反　又直　𧺻革反　コユ　ウコク　オモムク

䠛　ハシル

𧻓

𧽊　トロコフ

趪　ニリハミサル

趮　アト

𧾊　音勅　行〻

趑　スヽム

趷　同

𧾍　其章反　任走〻

𧾣　緣反

趂　勅刃反　又陣音　スヽム　トクトヽム　トヽム　モトム　フム　ヲフ　ハシル　タツヌ　ミノク

趁　正

𧾷　歷音　又盧各反　動〻

趝　斂音

趏　俗　到字

趚　七積反

𧼏　俗

𧾩　二正　歷音　丨趚　行貌

䞕　或

𧻁　俗　遊字

趕　或　蹕字　止行〻

趦　胡客反

𧾲　所革反　僵臥〻

𧽨　俗　救字　薄半反

趞 七削反 上ノ
趦 正
趍 正遅 音今七踰反 禾二ル 子ル オモフノ ムカフ ユハス ウナカス スミヤカニ サイキル ハセテ タカフ トリ オモア 又作趨

趣 蹶 居月反 倒、
趍 趍正
趨 今
趨 正 上ノ 禾二ル

趦 徙音 忩走
趉 正
趙 雌音倉 卒
趮 躁正音飄 輕行

趣 丘引反 行、 勤音
趙 且仲反 行、
趜 音燭 小兒 行
趯 音象走

趟 同 烏古反
趟 音結 八三ル
趣 音歡
趚 于日莎

趫 音ヽ辰 走
𧻏 虛蹇反
趲 音占 五字 走意
趙 音又走

𧼭趨 烏古反 走輕 二
趯趨 音勧 走顧 貞
趯 躍二正 勅飽反 オトル ニカナリ
趯趄 俗

趫 丘字反 徤

蹇 去言反又 軒音 走

赶 正 精或千才 反 乳、

趝 音此 淺渡

趣 音余 安行

趕 音殘 留意

趮 蹞 二正 卑 仲反 行

趁 中全反 任 蹞 疾行

趌 佶吉二音 − 趌奴走、−

趨 去謁反 又 葛音

趌 佸去字 ハ乙ル

趯 許元反 趌趨、

赽 下正 其 乞反 直行

趩 音翼 趩

趹 跌 三正 ウルキ 疾歩 音決

赾 音謹 行難

越 越 下佸 丁計反

趬 下正 九出 反 走意 又絢音

趩 蹶 蹶 三正 刀正反 超踰

趔 戌

趨 音希 走

趮 趮 音佛 又普末 反 走

趨 趨 下正 巨元 反 行遅

趜 渠竹反 − 遅 伸 カムタキ

趉 渠勿反 ハ乙ル

趣 巨月反 越 −

趚 所六反

趡 正

趙 音勇 頓 足踊地
䞼 音慳- 蹇 行
趯 音權 -趢 曲脊行
趎 頤 踦 正 立 誅反 半歩

䟀 音馬 東式 靠
𧾷斬 或蹔字
趧 音提 -䡔 四壽之舞
跳 音跳 又去 雀行 カロミ 又跳越、

赶 テ 音虔 又渠 月反 舉尾走
趲 則旱反 逼 使走 ハシル
趲 正
趝 下 趝 千甘反

-趯 駈歩 サヒラノ
趣 七句反 又七倶反 オモフク 禾ツカニ ウカヌ ホシ 禾ミル ウツル トコロ トホシ 又音主 スミヤカ モヒホス ヒヒ ムカフ
趄 趨 趙 趎 四 佰

𧾊 音覃
䟐 音避 車行
趨 音截 那出 前 ハヒル
趚 音渠 方

䟗 正 或音 輟 跳、
赿 音舉 行
䞷 音黜 ハヒル
趠 趬 虚悅反

𧺆 音逝 蹁、
𧼔 田緣反 又趢 -小兒行
趓 音錄
趪 音黄 武

趗 戚促字 スミヤカ セム　趖 音赴 一　趯 巨没反　䞤 俗喜字 俗嘻字欣

趘 渠軌反　趜 求累反作蹺 借音耳 音ク井　趄 七余反趄 ミサル　趙 音陌 賊越

趚 田白反 羊歩　趙 俗稍字欣　趹 俗熇字欣 可見正本

第六麦篇

麦 音ミヤク ムキ 音ハク　麦麥 正　大ー フトムキ 一云 カ?チカツ　牡ー ムギ 一云 ムキ

ー奴 ムギノ白三 白ムキ 一云　蕎ー 音高一 音驕 ソハムキ　穬ー 音廣 カラスムキ　瞿ー ナチムロ

麨 丑教反　麧 未詳　麪 㦰　麦 音ㇳ

麩 麦皮音扶 コムギノカス ムギカハ　麱 或　麰 俗 通　麰麳䴵𪎊

四俗　麷 正穬或古𥝩 反䵂𪌾音 穬大麦　麯 俗　麮 稍二合古 玄反麦莖

麲 正　𪍮 餅字𤋮 餅、　𪍑麨 昌少反 糗、 音砂　麨 炒米有屑粉

𪍐𪌭 二俗　麮 祛𧊒反煑 麦甘粥、　麳 力蒸反欺、　麴𪎍 二俗 精字

大豆麨 ナヘノマキ　䴷 亦作　麴 酒母、音菊 カムタチ　䴸𪎭𪎨

𪎭麯 五俗　麩 音翼皮、　麮 俗　麧 俗 甜字

麧 吉渴反 又
麪 莫見反 カムタチ
麫 或
麵 俗 ムキコ カムタチ 音メン

麵 吉老反
麪 古心
䴬 力卧反
麩麸麴麯 四俗 麩字

麮 俗 麴字
麸 俗 麩字
麧 俗通 餡字 音浮 餡 餢 餅、薄后反
麨 俗 末 訓内典

麸 俗通 餂字
麳 俗
麲 蘋卧反
麪 蘋果反 小麦屑 霰、

麴 音格、麹
麰 卒麦稍
麴 丙旻反
麵 蘋胃反 又 先結反 細屑為、
麧 或

麹 俗
麹 俗 劉字
䴵 音年
麲 正

麫 䒽 二或
䴺 音篠 サク
麴 俗 麴字
麩 音末 麵 穢 或

⿺麥甬 音甬又被逼反
⿺麥莎 作莎字
⿺麥兀 音滑麹
⿺麥豐 正
⿺麥比 音毗丨⿺麥肖
⿺麥𢍏 勑賢反
⿺麥悉 ⿺麥冓 ⿺麥字 ⿺麥魚 未詳

⿺麥枼 蕿頬反
⿺麥啇 音澤又擲
⿺麥差 ⿺麥差 下正 音差磨麦
⿺麥才 音才麹
⿺麥完 胡昆反 全麦麹
⿺麥娄 力麦麹
⿺麥婁 丨餅丶

⿺麥禾 巨浮反
麧 ⿺麥乞 下正 紇或 胡骨反 麦糠中不者丶音紇 麦糠丶
⿺麥𠵊 音哭餅 麹丶⿺麥殳令
⿺麥畀 音脾麹
⿺麥皃 正
⿺麥婁 正
⿺麥山 亦作麨 所諫反

⿺麥妥 佸
⿺麥豊
⿱黎麦 ⿱黎麦音梨
⿺麥冡 冡音有 衣麹
⿺麥來 ⿺麥𣓤 正 棶或 音来 小麦
⿺麥胡 音呼

第七一篇

一 音壹 ヒトツ ヒトリ モハラ トモニ 古式

弌 古

丨箇

不一

第

一二

三 思甘反 ミトコロ

五 音午 トモ

丨者

向丨

上 時讓反 又音尚 又上声

以ー カムツカタ 上ー
下 音夏 又去 シモ ミタ クダル オロス タイラ カタハラ ホトコス
クダカヘス ソコ ノチ シモフト タル イヤシフ ミタカル ミヒカル
オル オロス ノチニ フモト モト オトス オツ ミカル
以ー シモツカタ
而ー 同
直ー トアオロセ八
上下
亘亙 今正 古鄧反 ノフ キ公 又平 （又音宣） 和音コウ 禾タル オハル
亙 タヘ
亟 音棘 姫 紀反 スミヤカニ シヒニ 疾、愛、忽、吳憤 數 又弃
亶 今亶 サカヒ
亶ー
亘 音歐 ヒヤウ ツカニ カミ キク ヒルカ ヒクフト
ミハラノ ミク ホシ
オサミシ トヽノフ タス
タミシ イツハト ヒトシ
タカミシ
至 隋利反 イタル シケシ シシ ムチ 又音シ
所 正所 トコロ オク セラル シモト 色呂反
ー以 上ヘ
天 他前反 ヒタヒ キヲル
ー平賀 アマノ ヒラカ
而 如之反 シカモ ナムヂ シテ ノミ コトヽ シカノ 又音二
然ー シカトモ
ー已
冊再 フタヒ ミキリ 音載
再再 ー已正
乎 音護 タカヒニ タカフ
互 上俗下正 歟

更丨 タカヒニ
差丨 カハルカハル
丨相 タカヒニ
訝可 五加反 キハ キサス オヒテタリ ホカラカナリ 在下 又音ケキ

工 音功 ツクミ ロクミ
相丨 上去声 俗 丶相又
塗丨 カヘツリ
笛丨 フエフキ

焉 於近反 コレ ココニ ナリ 千ム イカンソ イツクンソ
焉 非丶
焉焉
爲

揭焉 イチシルシ
揆丨 イツカ
大丨 二見 イノ オホイナリ
丙 音炳 ヒノエ ウモ 光明丶

丁 當経 ヒノト サカリ 曹丶 オトコ 奠丁 アタル アツ サカユ イコノカミ ラノ ホ子 陸丶 蛸蝀丶 カサコヘ
丘 去牛反 オカ オホカリ 北 タム ツカフ 古岳 又音ノ
丗 正

噩 オトロク
可 口我反 ヘミ ムヘナフ アヘテ ナル ハカリ ナツミ ヒカルシ アニ キノ ヨミ ナル ヤム 所丶 上丶 オナヘリ 又カナヘリ

叵 正
壷 令正音 胡
壷 ツホ 俗
百 音伯 モモ モ丶千 ハケム ミナ 又音ヒヤク

三丨 ミホ　六丨 今正音　八丨 中ホ　九丨 コノホ

百百 今古音陌 首頭　巠巠至 今或正古形反 水脈、又音経　不不 今正甫 浮反 又方久

及弗、俗窑 世爪　夲 大乙 アラ爪 音て　灭 俗ア字　琵 俗臺　盡畫 因悔

嚕 亂正音 畫　亙 丘互氏 俗通今正丁奚 ア礼二反 羌儿　亙亘 丁計都 礼二反天 根丁、

トノイサヽカニ ニラフ　槿 アサヽル アサヤ オカル　韲 戈靡祖兮 反墜、韲 韭、アヘモノ　西 戈西字 ヒルヒニノ　爾 或尒字 ナムチ チカし

兩西 俗正他念 又古山良　西 古　西 巨弥反　王 則天作人字

校韮　垂丕 通正普 坯反夕　韱 午戒反 糸、菜似韭　亘亘 俗正

＊錯簡あり、43・42丁の順に訂正

畫畫　呉音化　又會　又郭正儀　畫ー　亞亞　音元　カミナキ　カムナキ

丞　佐　宰　銅努牙　オホユミノハス　狼ー　コテハナキクサ

大ー　同し　晝　音宙　ヒル　又チウ　而而　天字　鳳鳳　初

凰图　君　悪　旦　且　呉音者　今云　カツハ　カツヽ　アタアカリ　カタハカリ　ヤスム　七也反

只ー　カノハカリ　千　チハハカリナリ　疋　俗匹字　カタフク　コホル　ソル　玄　俗幻字　ミス

旦　呉音但　アシタ　カツヽ　万　アラタムヒ　又音里　俟人姓　又音　世　音世　死　カル　音し

哥　音カ　韭　音九　韮　俗　ノタク　巠　俗歷字　巨巨　今正　渠擧反

叵 音呵徒反 ラ

丐 音考 カウ 氣 欽顉也

㞢 今之上而反

直 俗直字

浅 ウカル

生 ナル オフ イク ウマル

面子 カホカセ

半面 ハタカクル

生 サヒ 繊ヽ

寄生 ホヤ

寓丨 同

第八丨 竹 篇

丄 四退二音 上下通 又音徹 又公今反

亅 音厥鉤 逆起者

亅 音綴 鉤識

丿 音瞥引ヽ

乀 音拂 右戻ヽ 俗又床結反

中 音忠 ウチ 又去声 ナカ アタル ヤフル ナカコ ナカコロ アツ アヒタ ソコナフ タカヒニ アフ ナカハ トホス ヘタツ ヤフル

𢆡弓韋中 四俗　滿滿中 ミチル ミチミチル

就ー ミツチ ナカンツク　串 或慣字 工患反 ナラヒナラフ ツラヌク 呉音貫　太玉ー サカー

或居字 遅點反　半 博慢反 ナカハ ハントコス ハシタ スシ　夜ー ヨナヽ ヨナカ　市 音市

币 子荅反 メクル 音サウ　周ー メクル　中 音篇 持ヽ　申 音真 ノフ カサヌ サル

年季 通正 トシ　去ー コソ　項ー トコロ　ー來 同

祈ー トコロ　乖 則天作此　川 音穿 カハ 又音去　川 俗

亇 烏牙反 カフロ　甫 音冬 オホカリ フム　引 在弓部 音胤 ヒク タミ　引

事 鋤吏反 コト 禾サ ツカフ ツカヘマツル サシハサム コトゝ尓 アツアル
多ー イナハナ
無ー アヂキナシ

觸ー コトニニ
天ー オホヤケゴト
悪ー イカコト
現ー アラヒトコト

顯ー アサラメコト
卬 印因之去声 オニテ ミルニ 又平
争 アラカフ イカツ ナレツ アラソフ キルフ イソノ
㸙 在禾ア

市
㝉 ヤ 又音コ
乎
干 歩兵反 ヒトゝ タヒラカナリ

乍 サハカニ 仕嫁反 ニハラタ アタ ナカニ アルイハ ミル
聿 音聶 テフ セフ 之捷反
聿 餘律反 ツヒニ アツカラ ノフ 又音上 又井子
聿 音津 飾

羊 音荘 徵 乍
芇 音遂 フイ
屮 丑別反 草木初生 上下相通
屮 或為艸 公奈

幸 大幸 ㄅ幸ー 通 今正 音聶 盜 フ正 与幸
𢆉 般 正 二音 箕 或除 未 葉 之 㽞
畢 畢 俗正 音 正

第九十篇

十 音什

八 ハツ

廿 音入 ニフ 又ニミ

廿七 ハタナヽ

卅 先合反 三十 ミソ

卅 同

卌 四十 ... 反

卅二人 ミソフタリ

斟　音集詞　之集　甚　九十反　出勤ー〻　切　勤章人〻　祭用あ〻ー　博　補各反　ヒロ〻　カフ

千　倉先反　午〻　一ー　ヒトチ〻　且ー　上チ〻　ハカリ　ナリ　卆　久作　九十　ハ

卒卒卒卒　下正　祖没反　ニハカニ　オハル　ツヒニ　コトヽノ　ツクル　ヤム　ミス　ステニ　音ソチ　ミタカフ　ウル　イタル　イクサ　上ル　ニハカニ　終

列ー　ノコリコ　赤ー　アカフムハ　協　音挾　カナフ　ヤハラク　オヒヤカス　叶　協作

干干　今正　音乾　オカス　モトム　ユク　カ　ホス　カハク　ミル　ツネ　アト　ツクス　サシ　小コ　ーモ　若ー　シタカフ　于　字俱反　於、　ユク　コニオイ　禾キ　ハサム　音呉

弃弃　下正　渠　諸反弁　音弁　率率　所律反　倍正　衛同　ヒク　文所類反　モトホル　オホム子　ミチヒク　オコナフ　コトヽノ　ツヒニ　ニハカニ　オフ　ヒキヰル　井ル　イサナフ　コソリテ　ミカヒキカラ

マトフ　アカス　ミニカナー　ニハカニ　井〻　ユクリナシ　乎　戸枯反　カ　カナヤ　於ー　ア

カツフ　太口ソ　ー介

平　皮兵反　ハカル　タヒラカ　ヒトシ　ヒトシクス　又音病
不一　ナニシニ　カナリ　コトニシ
七　音漆　ナヽトコロ
午　ムマトー

赤　昌石反　アカシ　オモノ
卓　音啄高立　タチマチ　タカシ　サカシ　又音宅
周章　アハツ

皐　サハ
𠦝　辛　耿反　姓　サイハヒ　音カウ
幸　同　タカシ　サイハヒ
去　今俗字　丘攄反　又上　サル　ノソク　ヤル

丗　オサム　ミタヽネ　ハカル　ツカハス　イマシム　オハシマス　サネアソ　トオシ　ハカル　ミリソク　ミカル　モチイテ　ヒトノ
單　音善　又丹
單　今

芈　巨介反
直　除力反　タヽチニ　アタル　ナホシ　アタヒ　ヨル　タトノ井　タヽシ　タニ　又音地井
存　組孫反　アリ　トフラフ　イタハル　ヤスムスクナシ　音存

在　音載　又上声　オイテ　アリ　イマシ　イマス　アキラカニ　ハムヘリ　ツハヒラカ
去来　イサ　ユキ　タル
自在　ネカヘハ

在〻　トコロ〻
左　作可反　又去声　便、ヒタリ　タスク　音サ
左
右　上　ミキリ　タスク　音ウ　三十

左右　皆去声　タスケ　タスク　ト　ニカクニ
古　イニシヘ　音コ
有　アリ　イニシテス　アナリ　モハラ　タモリ　音ウ　モ
厷　俗肱字
桒　歎講二音　疾
喪　正喪　或喪　薩浪　又音桒　ホロフ　ウシナフ　ミタル　モ
準　ナソラフ
肉　チヽ　イシカシ　サカシ　音子六
辈　俗碎字
弁　俗卆字
卒　俗所　併反
飛　音迅疾飛　音竣
戒　正戒　通
平　タヒラケク　アトラカニス
南　音男果名　ミナミ　彝
南　吉
指　ミルヘ
叀　音㯃　トヽ　スミナカ
朿　音財力　用　伎藝
㯮　載
昏　喪字　音
叀　音帝　正唐字欤
䋺　音乖背　俗ゑ為古　手字
㚔　今牽字　他牽反　或成羊
尌　俗巨字

第十身篇

身 音申 三 禾乚 ムクロ ヤ子 ミタミ ミツカラ ハラム

躬 音弓 三 ミツカラ ナラフ カヽマル イタル オイ乚 オノレカミ

躳 並正

躬 俗

軀 音區 三 ミラノ ムツノ

⿰身立

軆 他礼反 三 カタチ 瓜カタ カナフ サトル アラハル ミツカラ キミ 音タイ 體正

躰

⿰身面 二俗

躰 正 婍 正

⿰身從 ⿰身客 俗從 客字

⿰身包 俗鄡字 苦聊反

⿰身夸 苦華反

⿰身此 婢甲反 躰ノ ー體柔ヽ

⿰身廷 俗侹字他頂反 直ヽ

⿰身亶 俗⿰亶頁字之扇反 ハタカ

⿰身亶 章善反 床無席

⿰身面 俗湎字

⿰身白 俗貌字 又俗脽字欤

⿰身卯 俗聊字

⿰身卯 俗聊字

⿰身卿 俗

⿰身巳 除量反

⿰身也 俗軃 或 千𦫳反 又 千出反

⿱雍身 俗癰字

⿰身宛 俗音婉 又烏卧反 又烏桓反 病々

⿰身亭 俗聤字

⿰身蜀 獨 正 徒木反

⿰身豈 音彼 躴々 體長々

⿰身賓 俗髕字

⿰身我 俗俄字

⿰口身 俗呻字 音申

⿰身冒 俗眉字

⿰身䍃 俗⿰耳䍃字 丁果反

⿰身堯 妹遙反

⿰身酉 俗由字

⿰身毋 俗毋字

⿰身矣 一佳反

⿰身隹 ⿰身雚 二俗 匡字

⿰身自 俗自字

⿰身婁 或僂字

⿰身良 音郎

⿰身冊 ⿰身冊 俗聃字 土甘反

⿰身毛 俗脫字

⿰身果 正 倮 或 音蓏 ハタカ

⿰身責 俗通⿰月責云 奥怗反
⿰身令 俗聆字 音零
⿰身奇 林飢反
躭 今耽正 丁甘反 フケル タミフ オモネル タノモフ
⿰身灬 ⿰身矣 ⿰身吴 三 俗
音ミヤ 又食良之反
⿰身廷 俗艇字 オモテトラ 見合

⿰身乇 俗毛字却 草反
⿰身旋 俗旋字 音全
⿰身需 俗愞偄二 正人兗反
⿰身凡 ⿰身冘 二俗
⿰身卩 叙買四肢、
丨揩 弓カケ
⿰身毛 俗毛字

⿰身兑 俗脱字
⿰身足 俗蹴字 七六反
⿰身引 俗引字
躭 俗坎
⿰身矢 古
⿰身曷 俗移音 又駈謁反
⿰身冓 俗⿰𧾷冓字 音冓 セフチフ

⿰身致、 致音
⿰身亥 俗骸字
躽 音偃
⿰身支 胑二或肢正 音支 エダ
射 正 音麝射 イル ハカル トホシ
⿰身段 俗⿰土段字
⿰身舌 俗聒字

軄 音織 ツカサトル モト
軥 匹正反 トフ トフラフ ムカフ
軉 聘
躻 ナハヤカ

躲 ツラヌ
躭 ユタカナリ
躆 三
躰 三 ソヒヤカナリ

軂 三
軈 ヤカラ
軆 ハル
十

第十一耳篇

耳 如始反 三キク ハタ 三ツカラ ナラクノミ テノミ
ー埵 三タヒ
聡聰 二正 千公反 トシ 三トシ キク サトル アキラカナリ サトシ 音ソウ

聽聴 俗正
聲 舒盈反 コヱ キク ナヽ イラフ オト ナラス アラハス ハミル 音者六
失ー ヒコヱ

丨華 ハナヤニ

䐶 ミミクソ ミノアカニ 戎愧字 ハ

取 七庚反 ト上

聯 聨 聯 三 俗

聏 尼注反 ハリ

大耳又下丁藍反

聾 古聞字 キク

聒 古活反 カマビスシ オドロク コヱ サハグ ノミル

耴 奥乙 カマビスシ

矯耳 ネブル ノチ

耗 如志反 三名 ケ

𦖢 俗 悲毛字 芳非反 又 䏔 二俗 膸 二正 十萬反

聉 奥訖反 無知

聳

聟 聟 二俗 聟 俗 通 聟 今 音 細 ム トツノ

耴 音輒耳 ムチ

聯 ツラナル モトホシ モトホル 音連

䋶 俗

職 古麦反

䁈 二正

恥 勅止反 ハヂ

耵聹 上音頂 下乃冷反 三ミミクリ

輒 俗輒字

聯 正 ツラヌ

餌 人志反 丑

聸 二正 甘反

耻 耻 正 俗

[耳+句][耳+句] 徒侯反
聡 俗從字
[耳+容] 俗容字
聆 カ丁反 キク 三丶卜七 卜三丶

聑 祁草反 カク 又膝音 ミミツカナリ
[耳+圭] 俗聡字
聟 俗壻字
[耳+黒] 下乙反

[耳+奏] 音奏丶
[耳+関] 五滑反 聾 之甚
聆 [illegible]鈴二音
[耳+䍃] 丁果反

[執/耳][矢執/耳][幸刀/耳][幸刀/耳] 四俗
キノ ニルス コトハル ヒトタイハル 又音丁
[耳+寧] 音寧 三丶ヒヒ
聽聽 下他 定反

[恩+耳] [耳+音] [耳+用] 三 俗
[无/聲] 俗[耳+替]字 衛佘反
[耳+方] 俗防字

[耳+隻] 俗[目+隻]字
[耳+見] 奥支反 三ル
[耳+出] 音茲
[耳+知] 都恬反

[耳+亭] 青亭 三ミタリ ヤトヒ
[耳+麗] 所寄反
[耳+舌] 五黠反 癡丶
[耳+吉] 三丶

⿰耳餘　俗[illegible]字一　又志反

⿰耳禹　諸書並無　應是聖字

聃　他甘反

耿　古幸反　光　スコミ　ヒノヒカリ　イタミ

聅　丑列反

⿰耳票　匹妙反　聴、

⿰耳氐　音軨　吉、

茸　キヒミ　ミゝ　タカフ　ミタル

耶　音斜　又以遮反　イヤミ　ミハラフ　サヒ　音ヤ　又ヒヤ　耶正

⿰耳肙　我

⿰耳農　女江反　耳中　声

⿰耳月　音月　又五滑反　随耳

聱　語交反　又鼻憂

⿰耳翏　聊　下正　音労　三、九

⿱從耳　音悚　又山項反　オツ　オツル　アカル　スミ　アフ　ソヒク　タチヒク　タカミ　ホトロフ

⿰耳冊　俗

⿰耳鳥　音矩　鷲

⿰耳制　⿰耳折　音制　入意事

⿰耳申　餌音　聴、

⿰耳曹　聯丨　三、十九　又才周反　三、九　音曹

⿰耳才　俗

⿰耳𥁕　音温　牛耳　歎

⿰耳甹　躬字　ミハナリ　サタク　キク

⿰耳祭　千計反　キク　ヒソカニキク

⿰耳冥　音眠　キク

⿰耳曹　耳　ホメク

聴 音底耳

耺 音云耳 中声

[耳+秋] 即由反 耳鳴

耷 音荅 オホミヽ

聖 舒政反 ヒシリ キク コヱ

聧 音奎 ツムク 無

聀 ウキアル

耻 聎 下正 他聊反

[耳+音] 於琰反 声

[耳+善] 一耳

[耳+彔] 音禄出 名 キク

聊 玉篇了カ彫反 音料 イサヽカニ ヤスミ ヒル ネカフ ネカハクハ ミハラク タスク タノシ タヤスシ

聵 音膾 無識

聶 ホノキク

[耳+家] 五累反 ワ聴

[耳+朱] 音注 竚 コヱ キク

聙 音精 聴

弭 名耳反 ミヽカナリ トヽノフ ナヒク ヤスム トム

衈 ミヽノチ

[耳+丘] ツノ

耾 音宏 声

[耳+巣] 側交反 耳鳴声

[耳+変] 蒱走反 物名

[彳+耳]

聾 音籠 ニヽシヒ ツヽシ ミヽシヒ

[夂+耳] カハラカナリ

耽 タル

⿰耳頁　ミヽミヒ
⿰耳眞　同
聊　タノム　コフ
刵　ミヽキル

⿰耳奄　ミヽ
⿰耳習　ミヽ
⿰耳台　オトロク
耶　タノモフ　ヒヽ　リヒヽ　コノ

⿱蘭耳　ミヽミヒ
⿰耳褱　アツマル
⿰耳斗　カロヽシ
⿰耳氘　⿰耳賁　未詳

⿰頭耳　未詳
⿱耽耳　未詳
⿰耳冘　俗躭字　フケル　音タム
⿱蚊耳　俗⿰齒齊字

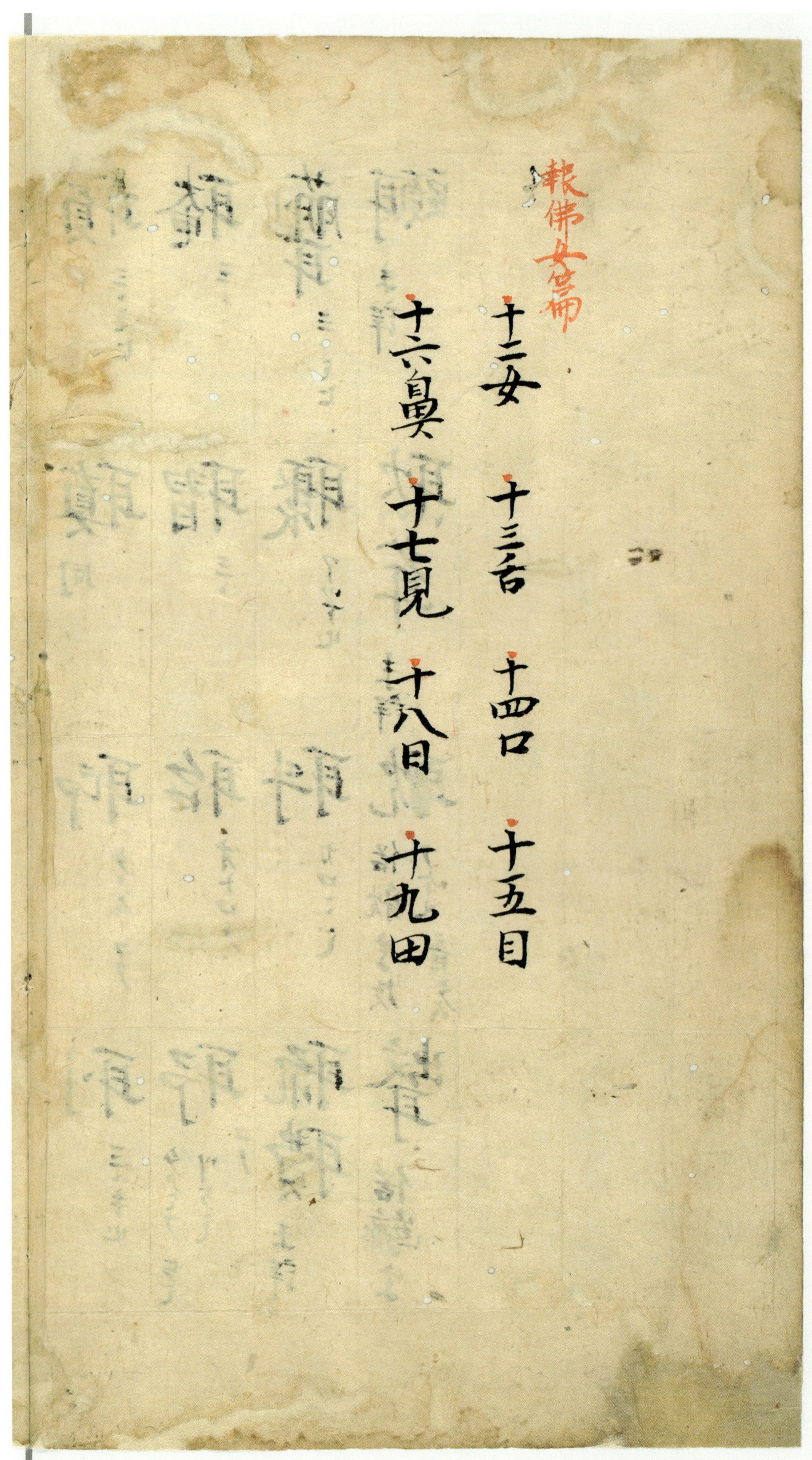

報佛女篇

十二女　十三舌　十四口　十五目

十六鼻　十七見　十八日　十九田

佛寶類字集巻上三

第十二女篇

女　奴挙反　ヲムナ　ヲムナコ　ムスメ　メアハス　ナムチ　ナムチ　ヲトヒメ　ヒソカニ

娣　音弟　ヲトト　シト　メヒ

媢　俗

嫋嫌媤嫂　四俗

如　仁餘反　ユク　ミカルシ　ナソラフ　イタル　コトシ　ナツク　イフ　ニタリ　ミル　モミツ

奴　音似　カシコ　ヲムナ

娆　音銚姓

婦　ヲムナ　カクノコトク　ミタカウ

嫺　音郟

嫋　音惱　恨痛

嫻　今作惱

嫺　正偈或側　又側佳反

妙　妄照反　タヘナリ　ムカシ　サキ　ヒロフ

孀　音霜　ヤモメ

嫋　正

婦　俗通

妻 十西反 ×平 ウヤム アフ メヲトル 又去
前丨 モトツメ
後丨 ウハナリ

嫝 俗 古
嫃 未詳
嫝 音摩 コナミ
嫝 嬤 俗

嫗 依旬反 オムナ オハウ×
婓 芳非反 三二ノ乚
姆 俗 毋正 謀
娒 或 女師、

傳 姆 メノト
妯 音逐 勅流反 オウト ×ム
丨娌 アヒ×× 下音里
妃 音非 又キサキ

嫣 音卓 譴、 俗又音蜀 匣
嬣 俗儜字 女耕反、
嫭 嫺 護音
婞 嬶 嫛

三俗 カホ×乚 ウルハ乚
婦 ×乚
婖 随從 カ足×へ
娙 娙 五丁反 又五莖反 ×祇音

カホ×一 へ好、
娙
娶 奴賀反
婄 其一反 龍

嫡　丁歴反　ムカヒメ　ヨトツキ　正

媲　匹詣反　配　又匹義

婔　俾癸反　母死　ヒメ

嫡　俗　モトノメ

嬬　二俗　嫡字

嫄　音原　女名

婠　音嵩　國名　オロカナリ　トトノフ

嫵　音武　コノ　ウヤマフ

妄　湯果反　湯卿=愚　ヰヤシ

娑　音稽　トル　タカヒ　オムナメ　コナミ　ミタカク

姑　俗

妬　正　ウラヤム

媈　正

姣　音絞　ア賓　コノ　ミヒトヘミ

嫮　俗

婒　俗　綏字　音雖　妥

姤　下故反　ネタム　ソネム　アラソフ　モノネタミ　ウラヤム　ウハナリ

姤　音蠹

嫲　他朗反

孃　音困　ツムヒ　アイ系

嫣　古　コノ

媚　ナツカシ

嫈　俗　佞字　ネイ

婚　音活　小兒　多詐又　音滑

姶 令
婝 俗通
嫙 音棲ー婦 婦官
嬻 才旦反 トカタチ
嫂 嫂 俗通 ヒメ
姚 正ー
奸 ー 正 穴ル永こ カ小ヒこ ト爪こ

媤 俗忌字
姺 妊 二俗 蹝字 小コル
嫝 俗欸
嬋 音禅 ヒこ タシヤカナリ
婝 俗亞字 アヒムコ
嫋 嫋 二俗 窈窕字 音杳
ー 嫂 穴ルハこ

媞 是 二音 又時氏反 若女
姗 俗姍字 音歃 穴ルハこ
婷 正停 或音余 婕ー 穴ルハこ
嫺 乎間反 ミヤヒカナリ 穴ルハこ
娿 吉河反 阿音 敵
婉 俗窕花字
姸 昊 音千薦 ヒコサキ オカ爪 カ小ヒこ 穴ルハこ コナミ ヒコサT

姙 音嬴 又竹亞 反ヒキシムナ 小コル ネカフ
娃 他厚反
嬗 俗産字
嫂 音早
姚 音遥 ナヤノ爪
妍 音研 ヒこ 中爪こ 穴ルハこ

奵 音女 丁名

姧 カタマシ モタ タシフ オカス ヒソカネサ

嫈 俗廉字

媾 正

⿰女窮 嫎 俗 タノミヒ ヒロコフ ウルミ モタ コロヒフミ

姅 今

⿱女⿰女女 姦 正 カミカマシ サヤク サハカシ ヒコサナ アサムク ヒソカニ カマヒスシ イツハル ミタリカハシ サイ アハル カタマシ 又ルム

奻 女還反 ウルタフ 閑 アラソフ

奻 音久 女字

妌 音静 又靚音 女貞 ミツカナリ

⿰女尋 ⿱女冓 音遅 トツキ キル ムルハツル カサネテトム ミヒト

⿰女曷 莫晏反 アナツル オツシ オクレ又 ユルナリ ナイカシロ オコタル

嫫 莫胡反

⿱莫女 正

⿰女森 俗淼字

婙 俗争字 ウルハシ

⿰女欶 ⿰女敕 二俗 [illegible] 腰字 奴鈍字 脆而易破 ネカシ

姧 ⿱芊女 ⿱嬰女 俗

⿰女夫 ⿱䙴女 ⿱要女

嫚 正

媮 [illegible] 二或 音 俞悦 他侯反

妦 文風反 好

⿰女⿰束女 媓 二俗

妧媅 都南反 嗜
嬞 俗
婚
嫘 俗
嬑嬑 二俗
女一 コヒロトス
妳 或栨字
妳 丁果反量ー

娊 俗
嫜 乃串反 弱好皃 又審音
嬛 音擐 単獨ー又呼洛反 又全音 ウルハシ コノム
嫡 力春反 ウルハシ
嫧 奴罪反 好
妓婕 於博反
湺婇 音舞 又汝占反

妣 俗設 ヲトル ネタム オトル
嫴 正
婄 俗浩䀇二正
妐 音鍾
媟 先列反 ナレ ケガル
媄 カホヨシ

嬵 音斜俗 儈字
娉 正
嬦 或
嫗 女力反
兄一 コヒロト
嫫 アナヅル
媄 正

女　俗

孃　女良反　如章　如掌反　オウナ　ハヽ　オナミ　ムスメ　ヲウナ
妓　俗欲　音ハイ　ナイヌイタリ　カホヨシ　トシオムナ　禾サハヒ　ヤサシ　タフロカス　ミヨロノ　タオヤカニ　カミナキ　ウツタイ
妓　音掇　妓鬼、婦、　オモテノ　顙　懶二正力但反
（以下略）

婀ー ヽオヤカナリ ーヽキカ小 ナイメク アハ爪 ヤトワ ナカゾチ 六ハオリ ミナハカリ爪 メテク

ー男 オヒ

孃 嬫 俗褱 字 柚列反

媱 音遥 ワケル タハこ ヒこ 俗爲 婬字

嬈 正

嬟

娞 火合反 貪愛

孃 吉懐字

娉 正

ー女 メヒ

嫉 音疾 ソこル ネタム ソネム ウラヤム ニクム ウラム 又音自 又嫉 傶 慽 ウカレヌス タハフル アソフ ヒこ ヒロコワ

翣 山甲反 毛長

嫇 莫耕反 俗冥音

嬛 俗

嫌 正慊 或胡兼反 キラフ ウタカフ ソネム ニクム

姫 音基 ヒメ

妷 音逸 姪 ワケル タハこ ウラヤム 婬ー ワケル

媅 オモテ 音耽 ワケル

媗 媗 俗

娉 匹正反 トツク ヒハル ムカフ モトム トフ

姪 徒結反 メヒ オヒ カホヒこ

姖 俗

婬 音遥 タハル ヒこ タハこ

嬔 ホ 芳万反

嬪 符隣反 ヒメ ナイこ カヘ

妟 音忌 ミヤリ ヒハル ミヤリ カタハこ

二 女 奴酉反 又音祢 チチオモ メノトコ 上文二

努 今

孅

｜孅 タオヤカナリ

ヒ三爪 ノ三爪

婲 式

婼 丑略反

嫪 力高反 オモムコノム アイ爪

婢 便俾反 ヤツコ

嬿 烏見 烏祢 二反 女字

好 呼到反 ヒヒ コトムナヒ カホヒヒ ハナハタ オホナ ウルハヒ コノム ヒミヒ

妍 妍 二俗 ヒ三爪

嫺 媊 二俗 謟字

嫒 音袁

嫪 正

腐｜ アハノ花

｜婉 タオヤカ也 於遠反 ウルハヒ

妝 古

嬳 於钁反 嬌、作姿

婐 好 烏果反

奴 音駑 ツブネ ヤツコ ヤツカリ サネ ツカヒ人 又音又

孅 俗 先廉反 婦人手｜细、 纎同 或孅字 ヤハカナリ ミダカフ ウヲカ爪 カル ウツクミフ メシル アイナフ

｜悪 上ヒ 下入 ヒヒ アヒ 上下俱去

婠 奴果反 要 眉 三ヤヒカニ

嫍 俗 欲

嬻

媌 苗茅ノ字 三音好　婳 俗湎字　婝 俗短字　嫈嫕 二俗㜸 字烏了反

姘 戎怦字 忠直　姐 音咀又子耶反 又子也反 オコル ー嬻　姐 千余反 又七余反 又姓　妲 都達反 ー己

嫰 音詠數、 十經曰ー　姥 莫ハ補反老母 オハハ オホハ オウナ　媽 正　嫜 俗相字 先羊反

媚 音武イ 明秘反 コビ フ コフル ウツクシ ヒ フ 六爪　孋 麗音　𡝩 胡圭反 ヤヤ

娭 シヤ爪 トラミ アサムク ハク 音僖 タハフル ウハナリ コノム　娱 音虞 タノシフ ヒ モテアソフ 又音悞 小コル ヒロコフ 如娱俗　姑 吐涛反 女輕 薄吾走又齒 占反

姑 音孤 シウトメ シハミハラク 文婦未、 イタ　𨋫𨋫 二俗 輭字 音披 オトリ タハフル イカタチ　妘 餫二正 音云　嬿 年見反 又音然 女姿

𡛰 欺、有姓 龍白、　娸 音梅也 玉云 イタミ　𡟭婚 音昏 トツキ ムルフ メアク クナク ミウト アク コヒト

⿰女冏 冏音 トハ スミウトメ コヒト
姻 コノム
媢 冒音 ネタム
媦 謂音 妹

嫨 奚音 官 嫌
㚤 音弋 婦官
媊 箭賢二音 又煎〻曰太白皇
媧 古蛙反

娥 音俄 舜妻 〻〻 ヒメ ウルハシ
妸 阿何二音 好
嬩 音予 女字
孁 音零 女字

嫽 僚燎二音 セハシ ヒム 好〻觸〻㚕〻 ホヤトス モテアソフ
嫽 正
婤 音周 コノム 又柚音 女字 タミム アキ名
姶 烏合反 婤ー

⿰女耳 如之反 女号 オウナ
妀 音紀 女字
媄 嬍 二俗 美字
⿰女樂 藥鑠二音 ウルハシ

⿰女畜 休六反
⿰女脊 隨嗂二音 羨
嫷 正
姝 音輸 ウルハシ カホヨシ

⿰女叚 [illegible]
妹 音昧 コミウトメ イモウト イロト
小ー オトイモウト
ー妓 イモセ

嬛　烏玄反又於権反　容
娧　他外反　好、音悦
嬹　音興又虚應反　喜説
嬧　呼自反　好　ミヤヒカニ

婠　烏官反又烏活反　體得好皃
姛　同女　音動又他動反　項直
嫣　許延反又　焉音　長
嫋　他鳥反又溺音　タヲヤカナリ　タ公　タヲヤノ　ミヤヤカナリ　シナヤカ

婁　丁匠反　又丑沽反
姈　呼、薫婁一
嬞　音熇又居黠反　踈身
婧　静浄　二音

姕　匹之反　婦人　行　コノム　丸好　ネカフ　コノム　フケル
嫙　音旋　好　コノム
婝　楚肖反　ーー廬謹
嬥　音又嫐音　徐擢翟　三　名

媞　提易　二音　妍魁、
婺　音務　婦人皃
娶　音熈　悦

婉　於元反　好
姘　音掩　婦人皃
嫥　嫥　下正　音専　嬗　二音
孅　纎孅　二音

嬪　篳、音　鮮好
嫩　嫩　下或　楚角反　謹
婡　ミニクム　与え
嬐　敏疾

𡢿　至執二反　イカル　ミツカナリ　モヌノ　ケ　ウルハシ　ヒラヒ　ムタル　カサル　モノニクルフ

𡟹𡟹　下正音　此婦貪

意難

𡛼　音戸貪、

𡜯　音奈　弁　ヒラヒ

𡡖　音稍孟　姉

𡛒　他合反　安

𡢴　音槃　婦　人容皃

𡤹𡤹　下或音　祭三女

嫿　七慮反　嫿

媉　烏角反

𡝩　カホヒラヒ　ホコル　ウルハシ

𡤺　音結反　偏　結反怒

𡞞　音燕　安

𡝗　音又　偶

𡤫　丁刮反　短面

𡛦　音宮　ネタム

𡞰　胡䫲反　很　ネタム

𡞰　イカル　ハカル　アコエタリ

嫸嫸　下或音善　反性、　斬、

𡢫𡢫　他愛反　又禪音

姰　旬均二音　男女併

𡣡𡣡　下正音　契又口　費反

𡛡𡛡　正俗

𡜰𡜰　正或

𡜭　音稍　共　ハラム

𡝋　音綴　疾悍　反竹刮反

[illegible] 五感反 又烏嫌反 合怒又 療音

娃

丨婷 メテタヽし

娃 烏佳反 好、尖 帝女、ムツヽし ケツケツオムナ ヒラヽキ女

妭 一劣反 媚

嬬 音推嶲ケイ 又許季反 愚戇 多態、

嬉 音憙 不悦

娍 音越 怒

娷娷 下正音莎 痿、又子和反

嫖嫖 下今匹妙反 又漂 音軽

嬰 正

嫥 寿傳二音 宍ルヽし

婎 許維 許委二反 醜、姿、

嬃嬃 下正音 弦婦人 守者

媥 音篇 軽、

嫼 音墨 怒

婳 楚甲反 痿言 失次第 又舒 涉

嬉 音部 又剖 婦人白、

嬯 音臺 屏 鮭 オソし

嫽 七合反 丨婪

婪 音嵐 ムサホル

㛳 許列反 喜 又馨香 細反

婡嫉 下正 去劫反 得志 又苦 叶

嫛 音毀 惡

㗖 音軟 好

嬬 上丶丶

嬿嬿 音濫 失

𡢃 敖カウ 傲 二音 侮慢

娪 不晏反 敖ー
娩 免万二音 日 コブ 免字
媀 遇音 娼婘
娡 音志
嫘 嫘 下正 力隹反 ー祖黄帝妻
嬰 タシヤカナリ
姁 音厚 愚、皇后、アフ
［女岸］ 奥偃反 又眼 岸貳音 鮮 好
嫨 嫨 下正 音卜 姝婘 桀妻
［女畢］ 音必 ー母
［女皐］ ウルハシ
媓 音皇 女
嬼 嬼 下正 柳留 二音 姣
嬙 千羊反 婦官
嬸 嬸 正令
媷 音辱 懈嬾
嬥 音擢 好
婘 ［女絹］ 令或
嫻 ウルハシ
嫥 ハラフ
嬚 音廉 女字
奵 音頂 媜ー 無知 上
婸 戯惕 正 音蕩 放逸 アソフ タハフル フケル タハシ
娵 祖隻反 帝 結次妃、
娶 音趣 上ム久キ ヒメトリ カナフ 上ル メトル イク

婍　音倚好

㜲　或嵒字　元之反

𡠗　音結清

嬆　許及反　カヌル

𡢃　音峴　細胥

妠　奴紺反　取

㛘　ネトル

嫛　音賈好　カ

𡜊　缶不二音　好

嫣嫣　下正　竹恚　反纖　ヒヒし

娝　音鄙古　姓

妧　玩二正　翫佰　通五嚶反

姮　丁候反　婞

𡞡𡞡　下正音　列姦

娍　正賊　晟二或　音盛

娏　音尨　神女　名

妠　或媘　正女剖　又婠丨小肥

娷　音騃容

𡞫　音迷磨人　之母

姅　音剃傷胎

妗妗　下今音　汾丁丨胡　名

婥　諱綽二音女　病　三ヤヒカ二

娗　音挺又弥　亭二音日婸

婁　力殊反　空丶　愚丶　又音趣

音樓　白生名

嘍　音樓婦人　所諱　トモル

毒　烏豕反　人無行

母　音無　ヤし　ハハ

毋 莫后反 俗云ハヽ 又音モ 六　祖ー オハ　毒 戸圭反 姓　婢 俗輝字

粧 音荘 女子 粉面　高祖母 トホ オハ　曽ーー オホヲハ　従ーー オハヲハ

外ーー 母方ノ オハ　伯ー ヲハ 又モ姉　姉ー 同又モ妹　水ー ノラ介

従ー 母方ノオハ　継ー マヽハヽ　乳ー メノト　知母 ヤマトヽ

雲母 キラヽ　少女 オトメ　女人 タヲヤメ　潜ー カツキメ

遊行ー児 ウカレメ 一云ヤ小チ 一云アソヒ　醜ー シコメ コノメ　織ー タナハタツメ

天探ー アマノサクメ 俗云アマ サクメ　歌女 三ヽ爪　未如 イタテ ニナニ ミカ爪　廷如 爪ル ツミ

不如　シカアラ爪
又如　イツノヒサ丶
奚如　イカニ
何如　同

如是　カクノコトク
姓　音性
嫁　姑暇反　ヨメ　オウトアハ爪　ヒハフ
姙　音任　又音二ム　ハラム

姙　ハラム　音二ム　上字欤
婦　音負又　ヒメ　ミタカフ
孕　ハラム
丨人　タシヤメ

產丨　ウフメ
娣丨　オトヒメ　音弟
奴丨　同
嫂丨　ヒメ

丨光　コミカトメ
丨弟　同
丨姻　ミヒト
丨母　ミヒトメ

巧丨　タクミトリ　ミソ　鳥類
姊　音止　アネ　コノカミ
姨　音夷　イモミヤトメ　シハ　ヒメ　ハカタノシハ

舒　以汝反　ハミメ
嫋　奴鳥　奴的二反　タシヤカナリ　タム
嬈　音嫋又音擾　ナヤマス　ナフル
丨丶　メハミ

台　ハロ　セイ　三千
嫋　オエカ爪　丨娜　タム
嬈　禾ツラフ　フタル　ハ爪

婇 ハヤル　嫮 アハス ナマメイタリ ヤサシ　嬑 コノム ミヽシ ツネニ コトゴト　婀 ウルハシ

姁 コヽロヨシ　㛦 ウルハシ　毎 オイタリ ムサボル　貫 ツラヌ ワカツ ナラフ

葦　嫿　媳　女　肉　嬬 未詳　嬰 音 妓 未詳　倭 佸 妊字欤

嫣 在寶倫　姁 ミヤヒカニ　娓 チヒサヒト　嬿 ヒロユフ コノム アイナル フクル ホヒーヽ ホサノ

嫐 イーハ　嫓 ムム　嫺 音 同 ミヤヒカナリ

第六十三香篇

舌 良析反 ミタ ⿰舌甘 正 舌丨 ヒナサキ 栝 ⿰舌象 舓

⿺是舌 ⿰舌是 五俗 舐 神尔反 ネフル ⿰舌也 舓 正 ⿰舌息 ⿰舌息 去例反 イコフ 中ルム 下正

イーツク ルル タオロル 中ム ⿰息舌 ⿱⿰自舌心 俗 ⿰舌今 巨禁反 ⿰牛舌 ⿰牛令 上⿰齒令 三或

舓 ネフル ⿰舌令 ⿰石令 二俗 ⿰舌甘 ⿰甘舌 ⿰香舌 三正 アマシ ムマシ 音恬 云 アマナム

⿰月舌 或 ⿰舌月 ⿰月舌 ⿰酉舌 ⿰食舌 俗 ⿰舌枼 ⿰扌舌 大食 ⿰舌沓 三正 士合反 又他類反

⿰舌刂 今刮正 古滑反 ケツル ムシル ネフル コツノ ⿰舌象 呼慣反 ⿰舌單 音田 又音 灘 ミタミキ 丨䜹 ミタミキ

⿰舌延 音[illegible] ミタツキ ⿰舌冉 ⿰舌冄 ⿰舌冄 他紺反 ⿰舌詹 他念反 ネフル ⿰舌[illegible] ⿰舌[illegible] 今俗

鼓 音鼓
舐 俗舐正舌 今舐古 尸剤反 ミタサミル
舓 俗咬正舌 横上
䑛 今舓正直 類支

舑
舕 野毯 二三日 イタム ミタル
乱 ミタル ヲサム ヲミフ トノフ ミタリカハシ
辤 辞 似茲反 コトハ

イナフ トム サル 禾カル アカリ アウル
𦧧 古話字 ヤムム ノラオロル
咶 禾フル ルク
𦧲 禾フル

第十四口篇

口 苦厚反 又音ク クチ
曰 俗
虚ー クチルヽク
ー子 クチハセ

壇ー ノミミハ
呂 音稆 名 ミチ タクヒ トモカラ セナカノ小禾
品 ミナ タクヒ ミヤミス モロ トモカラ タミカ ヒトヽ
三ー ミハノモナ

嚚 魚巾反 衆口、 嚚 俗　喞 子栗反 ー、 鼠声 啾声 又音昂 ミヨク ナク ナク　呀 ⿰口則 俗

啷 魯當反、　⿰口昂 今昂字　⿰口鄉 俗 諱字 匡更反　嚮 俗 響字

哴 音亮　⿰口幽 ⿰口衛 二俗 衛字　⿰口欽 丘禁反　吟 俗 今字

⿱口企 俗 企字　⿱口合 欽 二正 呼含 又 啜、　⿰口龕 俗 山歆字 口咸反　⿰口介 俗 齡字 胡介反 ナケク

吟 正 詅 辭 二或 奧令反 ニヒフ ナケク ミナケル サヘヨフ アサホテフ ミノフ カナミス　⿰口琴 ⿰口琴 二俗　⿰口翁 許及反 呼 ホフ ノム フム セ カム

⿰口余 余途二音　⿰口合 戸暗反 ヒラク　⿰口含 ⿰口民 上粉反　⿰口金止 読倪反

⿰口兪 跉匂反 ミカミ ミメ爪 ヒフラフ コミラフ イコフ ー 諭 上通下正 メトヒ フ サトス ル オミフ　嘍 良主力侯二反 カロ反 ー 嘍鳥声、　嚶 正

嘍嘍𡅤 俗　嘍 俗痛字次　喂 同上　嚉 蘇斗反 スフ アチハフ 所角反

喉 力結力許計反 ナクナル 鶴ナル　咧 俗 又ミ俗 力列字 力折反　嘍羅 サヘツル カナシ オロカナル　嗽 嗽嗽 二正音

又音朔师 下又藾豆反 所留反 ムムノ ミハツキ ノチスノ 空カヒル　嗽嘍嗍𡅤 俗　嗍 正

桑葵反 嗽歎也

嗽 俗竦字　嚪 嚪 下又作欶 瀬 嗽 郎大反 ノチスノ 二又俗 嬾字 空カヒル　𡅤 俗致字又俗 緻字直致反

𡃐 俗剌字　嚂嚂 音鑑力 含反貪　若 空戸反 クルヒフ　嘵 嘵 下俗丘亮反 喨兒 嗃不[illegible]

𠻘 苦俗　嘖 歎上俗下正 音胭反 ハヤフノ フイクス　嗙 嗙 俗　嗄 嗄 俗竦字 卓反

㖸 一𡃐反 嘆 俗 ムセフ 咀 喪大音　嗂 俗蒙字　嗟 俗慥字 又ミ 莫禾反　噑 音草 　[illegible]

口嘩　一一無人

嗜　音嗜　ヒラノ　イカル　ヒー　ミツカナリ

嘆　音歎　ナゲク　小　古類

咽　正　ノ弁　又音　悦　ムセム　ムセフ　サクリ　ムル

嚙　古　日安音

甄　俗　正　ー字

咲　俗　ハムノ

嗟　作何反又子邪反　ナゲク　ハシテ　アヤシ　エラフ　ア

啑　俗

嘆口　ナゲク

嚥　嚾　俗

哂　式忍反　アサケル　アサホヽラフ　ホヽラフ

呕　音區

嗜　音覗　アチハフ　タヽフ　タヽナフ　コノム　フクム　オモネル　ムサボル　ナナフ　ムム

一辛　ア

螫　音釋　又呵　各反

嗏　二　嗏　俗蒢　字宅　加反

咽　俗通

偭　俗面字　アサホヽラフ　アサケル　ホツカミ　ソカリヤ

嘤　出声　音要

赫　音赫　呼駕反　カヽナク　ナク　サヘツル　サワク

嗷　嗷　俗

嚥　音宴　又　嚥　嘘フ

嗄　一　ムル

嚔　俗　嚔字　他歴反

嘾　譚　譚　三正　常利反

啁啁　下俗去輪　水隕反　題咕
呬　音棄　ヤム　イコフ　禾ラフ
咴　音六
叱　音七　イサフ　サケフ　ヒシケム　サイナム

叶　古協字　カナフ　ヤハラク
哇　烏佳反　ウタフ
甌甌　二俗
噤　切音

[口祭]　祭言二正　察音
嗼　俗寞字莫　音又陌音
[口苟]　俗鶩字
呴吽[牛口]乳

咍　五正　呼厚反　小ヒ　イヒキ　ヒハフ　ナク　音タ
[口苟]呴　二俗
吁　未詳　ヒフ
呁　告韻反　咕

咰　音享　ノム
喣　虛句反　又詡　音吹　アキトフ　イキホク
哥　通訶正　呼何反　イサフ　サイナム　癶　アヤナル　アヤカル　イカル　ソチノサーラフク　全無此字

[口奇]　俗嵜　吉
哄　呼工反　又胡貢反
[口恭]叿　俗
喧嘩　下譁二正　呼瓜反　カマヒスシ

｜｜　カマヒスシ
嘑｜唬　ナク　サケフ　早音　ナル　又音　タイ
[口弟]　俗

下 十一

囒 音蘭 言語 不可解
咩 嗏 或
嘩 口号反 又ミ 口𠷇反
嚕 嚕 俗倫字 楽音

闌 𠮟占反 又吉 斕字 亦占反 又音誦
闟 俗闟字
閜 呼加 呼賈 二又 ホラフ
聞 アナツルミ

閣
諂 俗諂字
閭 闞 唆 口言 下假 反多
閒 正狠字音 銀 又 奠 艱反

哭 咲 下俗 空 座反 ナシ
咦 詄 二今音類 妄言 多言
唊 嘆 正 俗
喫 俗喫字 コヽクミ

咲 笑 正 思妙反 ホラフ エム 上通 エ エホラフ
嚱 叨 嘜 嘆 星音 雄 正 四俗 ホラフ エム
可 咲 シカミ アナシカミ

咲 音 䓘 一頁 アラ
吱 テラ反
呋 反 又扶音 俗夫字 夫 亦
吽 吹 二俗 味 字

吠 文廢反 ナシ 又音ヘイ 貝
唵 烏敢反 アナホミ フサク
呤 俗 諺 奇 二正 苦瓜反
陂 倫音

吱 俗岐字
吻 正 吺 哏 二俗 ミイハ 巳孤反 サーフ クチハミ クチヒル
徽 咲 小立ヘ

餟 筊 同
嗯 俗忽字 ウヒフ
咬 咀 上府極二音 下側呂反 以齩 指砕、
吱 吉斯反

呻 音申吟 ノヒス アクフ ナケク ヤミイタム サナフ ミナケル 或伸
呷 呼狎反 ハフ
喀 俗文

叺 未詳
咧 吻俗欽 クチノサーフ クチホキ
吺 俗呻
叹 俗以字

咦 嘻 下含火ア 又嘜 嗾
嚱 音璣小食 ミミル ヒフ ミミル
呴 俗何字
嗚 俗烏字

咀 丁達反 咀慈冶
吅 或
咀 子与反 音詛 クフ カム ナム クラフ 咬一
咀 嚾 カミ公

咒漬反 皃江
𠼦 古恒反
啞 咺 二俗 字 殑
嗟 俗経字

一九 㖶

嗯 音里又悪コフ 又今澀字 山立反
𡃎 俗口𢡊口愧二 反今𠷈字オヒユ ナキク ハム ソヒユ
嘖 同 カナヒ氣乚
𡁠 㖶二俗
𠹭 ヤハラカ
ソヒル キラノ アサイル
訓 同

哩 俗 ヒソカニ
嚠 音留又郎救反又吉瘤字歟
嘳 丘貴反 我歎息声 苦懐反
嘖 音責 せム アヤナル サキナム カサミキナク
㽞 下俗 音流
喈 音皆 ナル ナク 又俗 𠹭字歟
𠱾 我同

𡂡 俗細字
嘽 他丹反 トロコフ
嘈 カナヒ氣乚
喁 顒音 ソチサモ ツトフ ノチハミ アフク オホカリ モロモ 氣ノ ハム
單 今單字音善又舟 ヒトヘニ ヒトリ フルフ コトニ／ク スルツミ ヒトヘナリ ウスシ
𠯿 ナク
品 𠱾 或

畐 俗畐字 福音
嗶 俗畀字
嘈 音曹 喧声ノ丶
嚙 三俗 音紫
𧮪 俗齧字 𡀗音𠯿俗 又五日サイ

[illegible] 即果反
[illegible] ナク
唬 呼交反乳、下交一又
嗃 呵各反
咬 俗交音 ユク ノラフ サヘツル ナク鳥 五巧反
咊 休二俗術 字
五一 サネカツラノ
[illegible] アフノ

[illegible] 又徐㮕反 ノチハミ ツイハム
[illegible] 俗銀
喍 柴字 㳄
[illegible] 俗直字
𠯑 胡刮反 塞口
咮 流智陟溜二反
[illegible] 佷、又朱音
否
哹 音孚 アフス イナヤ ナクフサク アムム アミ
[illegible] 上点 スイミ イナ

[illegible] 俗[illegible]正 皆用正
[illegible] イハル アサムク
[illegible] 相楫反 又習音
噭
哮 二正 タケル サケフ ワメク 下音孝 又烏教反
嗔 徒賢反 又瞋音 イカル
味 俗
[illegible] 俗[illegible]字
味 音未 アヂハヒ ムサホル クチヒル クチサキラ
啉 力南反 諠
[illegible] 俗

亻不丶

㖥 俗愘字

唹 倷音

噲 噡 二俗

嗿 ちこ 上快字 音タ 心ちこ

呱 音孤 小児 啼声 ナク

啡 歩乃及噐 声 カスハキ 又俗俳字

吞 音圯又不 ホトこ イナヤ

唸 欽二正丁覞 フサク 及又丁念及 呻吟

噤 唫 巨飲反 禁口丶 フム 巨蔭反

噞 牛儉反 ー喁 ハトこ 喁 矢口 出水 ウチ サミハトフ イハシこ

嗿 他貪反 ウツ丶

㖡 俗

𠿝 俗悲字 二俗

大ー ナリヤ オホイナラスヤ ミカラスヤ

飧 俗飧食字孫 ノラフ 公

嚁 口 俗曜字

嚾 嚾 下正音 雉鳥 上音

㖊 大刀反 サケフ ナケク ナク

曷漷曷ー イツヒシカアラ ヒ イツヒシカアラ ハサラ ム

餐 俗餮食字

喑 音諳 又於禁反 又或瘖字 ナクサケフ

噲 音快咽 又烏括反

㖆 タゝイこ オヒュ

嚾 俗 ナク鳥

咷 咷 或俗 イトム

唄 音唄吟佛德声、梵音声
下俗音帀 又才感反
小上 カナノノム
タケミ
[illegible] 十ノ
[illegible] 俗鱣字
嚌 慈計反 カムタフ ナム
〻 俗儕字

啡噭 二俗
囋囋 下正 徂葛反 嘈ー声 又在且反 トロク サホノ
ー休 コ禾ナミ
咃 丑加反 字六 ナカム ロナカム
[illegible][illegible][illegible] 三俗 [illegible]字
[illegible] 俗
[illegible] 俗学字

[illegible] 莫葦反
ー勃 コハナミ キカム ヒラフ
吪
嘔 音謳 又烏口反 チハク タノミフ ツク ハク ウラム
啻 音翅 不ー遍 タ、タ、 オホカリ イタ

[illegible][illegible][illegible] 中 正
咆咆 下俗 音庖
吔 誕音 又俗 陁字歟
[illegible] 禄音 俗鹿字
[illegible] 俗脘字
歐 俗 音ウ 又音オウ
[illegible] 俗

卜口令ー　咋ー　交

嘌喍　二俗渠字　　嘒　火恵反　クサヤカナリ　　嚖　或

嚉咐　二俗漂字　　嘘　俗結字　　啣　音耶又　以左反　　囃　俗難字

嗙　正誤或一弟反　サケフ　　唠　俗訪字　　咢　音愕諠譁　オトロク・ハタノ　　噐　正

咢　俗　　咢　アキ　　号　胡告反　ナホク　又我口　口乙　　弱　俗

嘡　俗望字　　嗖　俗搜字　　咈咈　下俗音佛　モトヒリ　三ク乙　　嘀　俗隋字　虚覩反

噠　俗随字　　嚌　俗随字　　喊　呼賊反　怒声　　啨　俗綺字

咪　音米　ミフリ　　嚩　　呦　俗劫字　　哺　俗甬字　餘瀧反

喃　相承古學反
呂　令呂字　吉馬反
叻　カタミケナシ
唶　俗逆字
噧　俗与噧同
嗇　音道　イフ　ミク　イフ　ナニ爪
嗁　嗁　五俗

喤
另　俗
嗩　音頃
嗐　音袞　トフ　トラフ　ネク　タトフ　ムカフ
嘛　俗迦字
唼　嗹　山甲反　鳥食　スル　上公　下フムム　上シラフ　下ハナヒル　上爪フ　下ム　下　又音セフ
嗁　俗吹

喙　俗泰字
叨　音太　音論　土刀反　ムサホル　ミタリカハシ　クラフ
嚓　俗摩字
嗑　俗
噭　湯吞歡
噓　噓　下全　ハナヒル

喙　俗象字　音像
叼　俗認字　音刄
嗡　俗倫
喎　音名　ユカム
嚶　他币反　歡
嗹　嚏　嚏
嗹　嚕　噴　三俗

哆 俗土二 俗獺字次 又
𡇼 俗㢟字 ヒタリ アハ
𠷊 素豆反 又先臥反 使犬声
嗾 正

嘐 俗
嘫 俗弥字 又𠹻 俗寐字
噃嚟 繫音
㖡 俗夜字

嘖嗹 ハナヒこ
嘞 俗勒字
𠿭 俗署字
哅 俗尚字

𠰂 音罕
嚴 牛衿反 呻
嚴 語鹻反 今ム カサル ヒシク イハク キヒし ハケし トシク ウヤマフ タフトし スミヤカナリ
𡁰 屈忽二音也 骨音 夏只 カテル ウヤマフ

嚞嘻 下俗 虗巳反 ヒゝ ヒロゝ 去声好、 ヒロコヒ ヒロコフ 嘻正
嘻 火義反 卒嘻 欣基反 ーと 和樂声

咖 音伽 又倶俄反
𠾂 俗極字
𠿟 俗遅字
𡄰 俗譬字

𡁁 俗鉢字
臈 俗臘字
𠽬 俗雜字
嘹嘹 下俗 遼音 鳥鳴

呧 俗詆字 ネフル
噎 嗞 二俗底字
吒 杜敦反 ーミ フノ、
咤 古
㖷 俗㖷字
㗋 音焚
𠯍 横含反

䋈 俗杔字跌
嗞 俗衹字 巨脂反 又ミ 俗㩋字 𠲿 跛反
吒 呼角反 恚呼、 イサム ナケク
咤 陟嫁反 ミタウチ ツイス
䖮 俗䖮字
聽 俗聽字
唍 俗完字

呧 ウ唙 丁兮反 城名 上中正 下俗 通
嗩 音紙
吒 陟加反 一又喜、 又音 礫 タク 之タウチ
窋 サミタム
嗐 嗹 唲 音 居
路 俗路字
嚛 俗繫

啕 呄 俗
吪 或訛字 カミコナル
嗖 俗
咜 俗地字
嵜 音侍
唺 俗李字。
𠻳 俗滅字

音ー　ヰミナフ　サヘル　ヰクル　叱　七鴆反
吝咨　二俗
吼　長林反
啘　俗宛字
吼　今　コト、モリー
𠷹　俗通

吓　下俗
啓　今康礼反　ヒラク　ヒサマツク　カムカフ
諄　地敦反　口気ー　音純ーー　少智之人
吼　食覚反　音尹　ノムト　ハクノムト　ノムトフエ
㕤吼　求音　出気　詞下又俗　仇字歟
搴ー　コト、モリ
啘𠷹　㐌

咟　俗詎字　音巨
啓啓　下俗
咡　俗甜字
吮　俗　スフ
叽　俗
𪉤𪉤　二俗
𠷹啘𠷹　三　俗

呼　音悖　鳴鶏
啓啓启　正　或
吭　胡朗反　又平　ノムト　烏龍　ノムトフエ
吼　凡　扶厳反
吃　音訖　コトーー
啘　音　宛　小語ー、
叽㕤　於求反　小声

兄 エタ コノカミ アニ ミヤし
嘔 俗
啄 丁角反 ツイハム ツイクフ
嚨 音籠 ノムト
嗒 俗 踏字 他合反 又俗 罤字
噭 訓二 二正 敷 或 イタゝし

呪 之授反 ノロフ 又祝 詶 同
噁 俗 噁字
啄 喙 二俗
咃 莫江反 三名 カイヒスし
嗩 牛隕反 大口
吽 吋 二俗
哆 陟加反 張口反 唇下 又處邸反 又多音 又昌者反 オホクチ ホタこし

噬 旨夭 雅反 ツンフ コトモリ 美声ノ又烏 オフし 又音ア 失聲
喙 ク〻ノ
啄木 テラツツキ 鳥類
嚨 蘿巻地
嗹 同
叩 音良

喙 許衛反 クチハし クチサヘラ クルミフ 補
㖁 俗 剥字
嗌 音益 ノム 山
叫 古笑反 遠 サケフ ナク 声 又音
叮 音口 オコル 又音 タゝク こタし
啾 即由反 ナク 虫 ナキク カニヒスし

[illegible] ウリク

咍 佁

喤 音横 小児啼声 中ム カム

嗀 音㱿 有識、小兒甲有知、カタし

哶 戸占反 隸藏食處 小、ツミル ワラフ ナル サル

喒 徒合反

咳 音孩 小児笑 アフトフ

噂 譐 弍咨 撌 又

丨咨 聚語

䜌 弍

啜 音綴 又樹雪反 ナム ナメミル ハム ツカリコト ハル ハフ 弍歠

躡 喒 ミリスメキ

嘬 楚快反 舉盡臠

嚩 音博 丨集、 カナヒスし

嚛 子入反 ハフ

隼 ウル

嚽 ハム ハム ネル

嚪 山芳反

啐 七最反 ハフ

嚛 大沒反 食 辛 ハル

嚽 竹滑反 口滿食

唯 小飲

呭 詍 三ニ 弋ニ反 多言

嗚 音叫 又 梟鳥音

唉 烏亥反 又 虛巳反 譍 ナゲク

咠 音緝

唖 サヘツル サヘツリ クチヒソム 又ムクメク
嗣 之涉反 多言 又而涉反 口ノ惲
嘰 タトヒ
唹 女閑反 諂

嘌 匹遙反 疾
嗪 蒱孔反 音口 高 大声 又ヲトナル
嗜 イチヤ
嚀 奴反 大声

嗁 ホル
喂 音 声 又烏豆反
嚋 音籌 誰 ヨ
嗢 烏 滑反 又烏骨反

咱 イカル 又音 [illegible]
嚎 タケヒ
唱 歯讓反 トナフ イサナフ コヒネカフ イサナハル 音 [illegible]

[illegible] 越音

引 イサナフ
啐 奥謁 相哥
嗑 カミシテフ 音盍 [illegible] カム

[illegible] 嗑 二[illegible]
嚛 嗑 ヘアフ
喝 嗟 二[illegible]茶反 上又音 [illegible] 又俗

歆 火[illegible]反 興耳
恐 唱 カシコマル
嗙 普[illegible]反
嚆 筠筆反 アヤフシ

嘮 力交反 一ム 喧

嗷 音敖 俄、 サハク トヨム

哨 ホカム ニケカム

咎 俗咎字

吵 音焱 雉鳴、 俗又沙音

皷 俗破字

唭 音欺 一嗀 無所見 又丘中反

啐 在上 七歳反 嘗、驚、

叩 許梨反 欲、 咎一 呻吟、

嘅 慷三合 苦代反 嘆息

嘡 度罡反

黔 俗黔字

嗄 俗履字

㕸 俗泣字

哏 音宸 驚、 動、

唌 他丹反 語、 嘆 又徒干反 語ノ利 又似延切 アサムク

咻 或麻字 ミヽカフ

唰 俗㵤字

𠯋 俗駛字

嚱 俗義字

㗂 已被字

嗸 音敖 衆口

㗩 小音

吵 俗沙字

啫 俗者字

嚱 俗羲字

笞 俗音字

嗡 俗裏字
咘咘 下俗音市 身作咹 𠂢フ
咼 烏外反
𠯗 俗𠭗字
器器 今俗
㕦 今 シハフ シハフ 音火亡
𦥰 正 又嘆字

咯 俗恪字
𠸜 俗御手字
喺喺𧮫
嚈 俗磨言
巖丨 カマクマ
㗒 俗
嚯 胡麦反 咕

嚶 烏耕反 雨鳥鳴 ヤハラカナリ キホフナク ヤワラ一ナク
嘍 俗摟字
喺 四俗 条字
㖯 俗留字
𡅜 呼乱反 シハフ
𡅜嚾 俗或
喰 胡投反 喉咽 ノムト 咽呑也

嚁 俗謔字
响 俗响
器 義寄反 四字 ウツハモノ アヤシフ
喫 今 シハフ サケフ 又叫
嚾 俗観字
𡅜 シハフ

[illegible]

喓 音橋 カミカブミし
䶉 薄教反 掘地、
䶌 ムロフ
噩 ミチリ
咍 呼来反、アザケル ヤフル ヤミし アサ不ラフ 禾し ナフ
嗏 ノスト イネタリ
ム口 音翳 禾し ヒミし ヤミナフ ミタカフ 天音胎
呿 欱二正音去 アクヒ キカム
啣 二俗上 又都 音
咭
吉 居寳（反） 禾し 朔日也
吉
喆 知列反 サトル アーラカナリ ミル サカし ミム
嚞 吉 サトル アーラカナリ
對 俗對字
噠 信正 音樹 立
呭 又曳 斯列反
嚱 俗㦻字
嚱 下俗 子廉反
又祖焔反 公 ニノ
嚱 子仍ナキ
嚱 同
嚱 俗載字
齧 公 タノカム ツミし
嚙 四俗齧齧字 ツラナル カミナラフ
嚙 タノ ミラフ
噛 齧渉少山渉反 スミル フム

嗓 螓音　喿 俗㬥字 歩報反　囂 俗帖字莫郎反 又蒄音　嚆 呼日光反 又 慌々忽 寞漠無形、

嘂 俗遰字相承 多達反　嗵 俗膧字 シムし シムし　噇 宅江赤勇二反 人童音　嗜 音字

噫 正譩我依意二音 又乙戒反 イタム ナゲク タメ カナシム アハレフ アム 又音檍 ニク ア　嚛　嗾 丑更反　歠噹 二俗歠字 於

禁乎反 又於飾反　嚯 俗矅字　啗 俗衒字　咄 都骨反 都活反 アフク ツタナし ヤヤ

オモノ ツタナし　對 俗 多午音　嗝 俗壷字 音坍　哵 音薩 聲

カタラフ イサフ

喃喃 二正　哵哵嚪 俗　唏唏 二俗希字 ナク イタム アハレフ オホイナし

㖢 俗歩字　嚽 俗選字　嗖 俗復字　噔 俗僜字

叮　俗丁字釘音　トモ　コト一

哘哻　正俗

唽　俗

嗝　俗漏字

ネヤス　ニコ　ヤハシ

夂　音裏　カセ　フエ　カヒノ　フン　アラシ　又去　サムシ

㕩　我議字　ウタフ

啌　瘂二正口江反　嗽　ヤ

嚳　俗嚳字

嗱　荷封反

旱　音知人牟

呆唎咊　上二俗下古　和正ロ　タチサハラノ

可　シカし

呮　俗跂字　岳疋

唩　俗課字

唬　戸高反

唏　俗布字

嗶　俗牟字

咻　音知

嘔　俗

只　ヒハラノ　タヽ

呥　而占反　言　タ

號號　二正

嘿　カナ　反

和　音禾　胡卧反　ヤハラノ　コナフ　相靡言　カル

嗏　音戒

嗷　俗嗸字　以茍反

且　カクハカリ

呰 直咲反 ヒシハウ メヌ ツネツ
噯 烏皆反 ナゲサム
嗳 音受口食
𠵯 俗超字 去呈反

𠯗 俗勧字
𠰺 俗代字
㗖 俗哲字
吓 牛謹反 又之若 又臭䖒 ヒラコフ

唡 ヤカム
嗻 竹轄反 潮 ｜鳥声
㗚 俗 サヘツル
嘲 啁 二正 竹交反 アサケル ナフル アサムク サヘツル

㪽 知列反 モノカタリ サカシ カシコシ サトル アキラカナリ 我 喆字
嘖 音質 野人言
暫 音次

噅 嗚 下俗 音麾 又𡰪俗又 大蛙反 カチヒソム ヨカム イヒハハル
𠿫 㗊 二俗 制字
嗺 牛慶反
㖏 俗詭字

噤 奇飲反 スム トム ハククフ
嗎 俗罵字
歎 嗽 二俗
㕦 音卮 フクノ ナクノ ヒハツキ アハシ ｜嘖 亦フ

吭
哇 音主 ｜｜ 呼鶏
咥 勅栗反 ホヲラフ 又許記 都結二反 又音至 又之日反 二咥咨 丑一三反 許尸

唉 俗　啀〻然 トラカヽし　嗁 丁结反 乃结反　嗄嗁 二俗下 又乃结反

慇〻 アヤニノ　吶内呐 奴刮反又 諾骨反 ミツカコト コトモリ　咩咩 音迷 又罵 又弥尔反 羊鳴、又摩

嘪 正 ナノ サクル 芸　哽 上 ムセフ 台爪 トヽラ　類呻 ノヒ ヨナキ コロノヒ　噎 哽悒二音 ム爪 又一二音 ム爪 ムセフ

嘶 イナヽク コロヽク　顰 音頻 ナチヒソム ナナカミスハル ヒソム　唈 烏合反 ウレフ

喏 尼反 奴吒反 又弓　鄒 奴賀反　嘙嗖 二俗婆 字　嗜 俗 奢字

噂 疾 サヽメキ ヒヽラク カタヒスミ 音傳　喧 古還反 和　咻 休詶二音 嘆 ヨメし オコトヽク　𠺕 俗

鵥 俗 雌字　嘶咽 コヽロク　嘶 斯西二音 チンク サヘツル イハユ 俗 イナヽク 馬 コロヽク 悲声 又斯言 カヒノ音也 ヒヽラク

唱 音正愛 イ上

叫 音責 大声 アロ 咲ー多声 ノ

嗥 胡刀反 上 イカル

哃 俗𠴊字 音詩 ニアカム 又丑之反 サケフ

啗 同啖 クラフ フム 公

喟 或作喃

呦 音鵲 鹿鳴 ナク

郍 居祁反

喒 俗劇字

呬 嗙 嘐 嗥 四俗

啖 噉 大敢反 上又淡音 クラフ フム 公

咺 音號 食字

戦 五河反 又我 音 ナク ツク

嗗 烏刮反 又士骨反

吲 粥 哂 三高忍反 下又呼苦反

嗤 音嵩 昌之反 ソシル タハフル アサケル ワラフ アサニク

噑 音同 ナク 上 ホユ

啗 厳 合二音 クラフ 公

喃 音 誦 二 尼 女咸反 カタリ

噬 音逝 クラフ 公 カム フム

嚾 俗通䆿字 サシクラフ

噓 音虚 イキ フク

唖 噎 嗌 上 中 俗

欱 ム（ﾑ）フ
噱 臄 或 渠虐反 口上可象 其瞿 ホラフ アヘノ
谷合 去 上今
劇 コヘノ
嗄 音近反
嗎 又ム 上
嗎 音烏上 手 ムフ ホラフ サヘクフ アヘクフ
嘑 ｜呼 下音葫 ヨフ ヨハフ メス ヘヨア オラフ 嗚、
吁 許倶反 女去詞 律於反 シオ オトロク アヒカタラフ タメイフ ヨヒハシキ オノノ オクク
長｜ タクノ
哷 上
吁 吁汙 四俗 又餅字 唖 音汙 瞻声 呷 咠 下又音利反
啐 嚽 啐
三祖 葛反 又五割反 五達反 赤薩字音 被声 嘈｜声
喇 嗪 二俗
嗺 嗺 音山崖 イカム カナフ 又音我イ
哇 烏佳反
噂 イ｜ツノ
嘔 令嘔字
嚑 嘰 嚑
噚 嘂 噱 五俗 字下 上嘰 上点
㖄 咸 二俗 謨 字 嗔 大く
嘰 俗 濺字 又子旦反
嘰 音感
彊 強 俗 彊字 巨両反

喭　魚建反　コトハル　サヽメク　コトネサ　音又岸
[illegible]　トフ
啨　俗請字　サイナム　イサフ
[illegible]　[illegible]　阿朋反
[illegible]　四俗
唲哯　下俗　烏佳反　嘔、又哯

[illegible]　俗　彦口吉
哯吐　ツタミ
[illegible]　俗齮字　魚綺反
嚊　ハナヒキ　彼媚反　喘息声　ウメク　音則　咲、東人ミ　ウソナケキ
[illegible]　作[illegible]字
[illegible]　俗[illegible]字
[illegible]　[illegible]治反
[illegible]　俗[illegible]字

[illegible]　施、音儭
嘯嘨嘯　蘇弔反　ウソフク　ウソム
[illegible]　俗卸字　司夜反　又瀉
[illegible]　口撃反　ウラフ　公
[illegible]　音芳
[illegible]　同上　[illegible]
[illegible]　音欽　又陷

哯哯　音見　ツタミ　チクラフ
[illegible]　[illegible]反
嗅嚊　俗齅字　許救反　カク
[illegible]　俗[illegible]字　全無叶字
[illegible]
哹　匹尤反
[illegible]　俗富字

嗦　俗蹜字又俗縮字欤

㕧　俗跡字

爵　俗通

吸　許及反　ナク　ヌフ　ナツク　イルイ　ヒク　ウコク　スクノ　ツクス　義及反

咕　音怙　ソソロク　ソラコト

嘷　二俗　僺字

安　烏高反　遮

嗙　俗謗字

嚼　噍二合　在爵反　ニクム　カム　クラフ　音者ク

嚼　俗

礙　ナメク

咍　火来反　息、又下刮反　塞口、　牛ノイキ　牛ノイキナカスリ

咿咿　音伊　ナケク

哆　音移

喈　諧二正　音皆　又子夜反　ナキク

𠹀　音眺

吹　ナク

唣　音從

哆㖸　二俗　悪字　女竹反　[illegible]

嗒　俗膳字　音占

嚪　正

吻　俗吻字

占　云　ウラナフ　ウラナフ

歎　俗馨字

嘵　憢正　虚従反　アナフム

嘽　三二　音安　俗譚　俾　𨅖

嗪　音秦　モノハミ

嚴　俗𠴫字　居衛反　又巨月反

嗨　呼古反

嗔　俗匠字

噣　音闘　竹救反　ケカル　アチハフ

𠻘　俗輪字　アヘク

啁　音調　又直留反　又朱由反　竹交反　アサル　モテアソフ

哃　ソラゴト

嚅　音殊　俗　今正　ソヤク

喘　正　アヘキ　ヒハイキ　イキツク　アヘク　イキツキナヤム

丨息　ソヘキ

喘

噣噣　二俗　謁字

𠻚　魯登反

噣

嘪　京剎反

㖃　俗歎字　呼得反

嚀　俗停字

呀　呼加反　アサムク　ワラフ　カニ　タチアヘク

丨呷　ノミハク

㗊　將須反

唰　所滑反　ツクロフ

噢　於六反　オモニヰ

丨咻　オコーク

㖂　俗成字

嚀　俗㝑字　女耕反

嗽　俗歇字

嚓 都皆反 獄名　嗺 俗摧字 祖四反　踶 俗踶字次　踶 丁離反

嗡 舛蹇反　𠷈 力義反 俗梨字　唎 今利字 又𠆢 コヱ 𠆢ヱ　囉 俗難字

𠵳 居巖反 又 僉音　謝 避夜反　張張 二俗張俗 張字次 ツ示二　哖 音年

嘁 言 乎麦反 又祁音　阿 烏哥反 又可反　哺 音布 又薄布反 ア久ム ア久ム ク久ム　昌昌 下正 蒿郎反 ア知

嗳 音嗳 喧喧 己音 サし　釋 俗釋字　嗃嗃 下正 豆逢反 タカし

𠰇亂 下正 丁篾反 又丨嘿又 好語　啡 蘇合反 三ヌし　嗤嗤 下正 吐涛反 丨講多言 又山涛ヌ人

𡃳嚏 二正 音蘯 噴噴叫丨 呼　噎 音待 丨嗁 諛譁丨　嗯 音息　嚳 烏角反 諮

噴 火横反 ー 噴声、、

嘿 五沓反 ーー 衆声

勯 胡貢反 火声

咻於 下正 於大笑

歗歗 下正音 市鳥 ー

名 音ミヤウ ナヅク ナノル ナ ナカラ ナ 所ナリ

名 今名字

各 音閣 ミツス オノ

各々 オノ

咎 音咎 悪、過病、災、 トガ アナヅル トガム 又音タク

咯 音咯

咨 トカ

喀 音客 ーー 死、

呑 音天 又他痕反 ノム

哊 禹呿六反

嘬 我畄正杦 縣反 歠食

唹 歠歠 三正 菩或 蒲佶反 香、 又吼名反

㖘 音無 嫌

噚 音辱羌 刈種

嚳嚳 二俗 ミハツキ 嚳字

呢 俗昵字 又音 尼 咽ー 言訥

嘌 匹遥反 ウカル フクル アチハフ

嘌嘌嘌 上正 下二 俗

暘 古唐字

咪 俗迷字

嘟 俗都字

嚷 人羊反

嚷 俗讓字

嘎嘎 二俗戞云 胡鴦反 又嗌音 鸕鳴

𠱡 俗祖字

𡂽 音銀 争訟

哵 俗𠱡字

喉 音侯 ノムト ノミド ヒハフ ヒハフ

嘌 俗驃字

噔噔 都内反

𠷏 俗謅字 丑

吾 集玉反

唯 音惟 ヒトリ タヽ タヽシ 又以 水反 ー然之處

咄 音出 ハム ヒタヽ ヘス 八兀

ー納 ノタヒヲラス

唫 語倪反

𡀞 俗𡀞字

唙 俗沒字

哣 俗泣字

喂 俗畏字

噍 徐𥳑反 咀ヽ 噍嚼 ヽヽ ノニル

嚓 俗察字

𡁗 俗陵字

嗛 俗廉字

呟 音縣

嗺 俗省字

咨 音資 アナ ノ ハカリコト

嚧

啅 音卓く家、衆声衆鳥又仕角反 禾ラフ イトナム アヘキ 今通正部音 㗊、爻、
嗀
[口律] イサナフ トク トナム
君 音軍 ― ミトし
戚哥、諸妻怒声 、上 イカル イサフ

[口孫] 音遜 俗選字 噴ソノ
―噎 サクリ
嗠
[口息] アヘク
啳 音桊 又去 又作喪
啹 許倨反
嚧 音盧 呼 借 豬声人、音 卒俱反

噀 蘇頓反 漢正 スヘク
啚 音圖 ハカリコト ―圖上俗下正
囉 音羅 哭― ハカル 又呼 豬声 リヌ、ノ
呈 音程 ミヌス アラハル イタル サトル ミラフ アツフ トクし ムチラフ アー ラカニ
噣 付―、音 燭
嗐 勅轄反 斷 字欤
―呼

噦 於劌反 氣悟 又レ也 又サクリ
嚚
嘻 ― サク、ミし アカナヘし オサナし ヲ オモフ
囑 俗 ツノ アツ サスル アツラフ シ丸 音シラ
[口戚] 喊 呼檻 戒反 戚 声、
嚬 俗 頻字欤

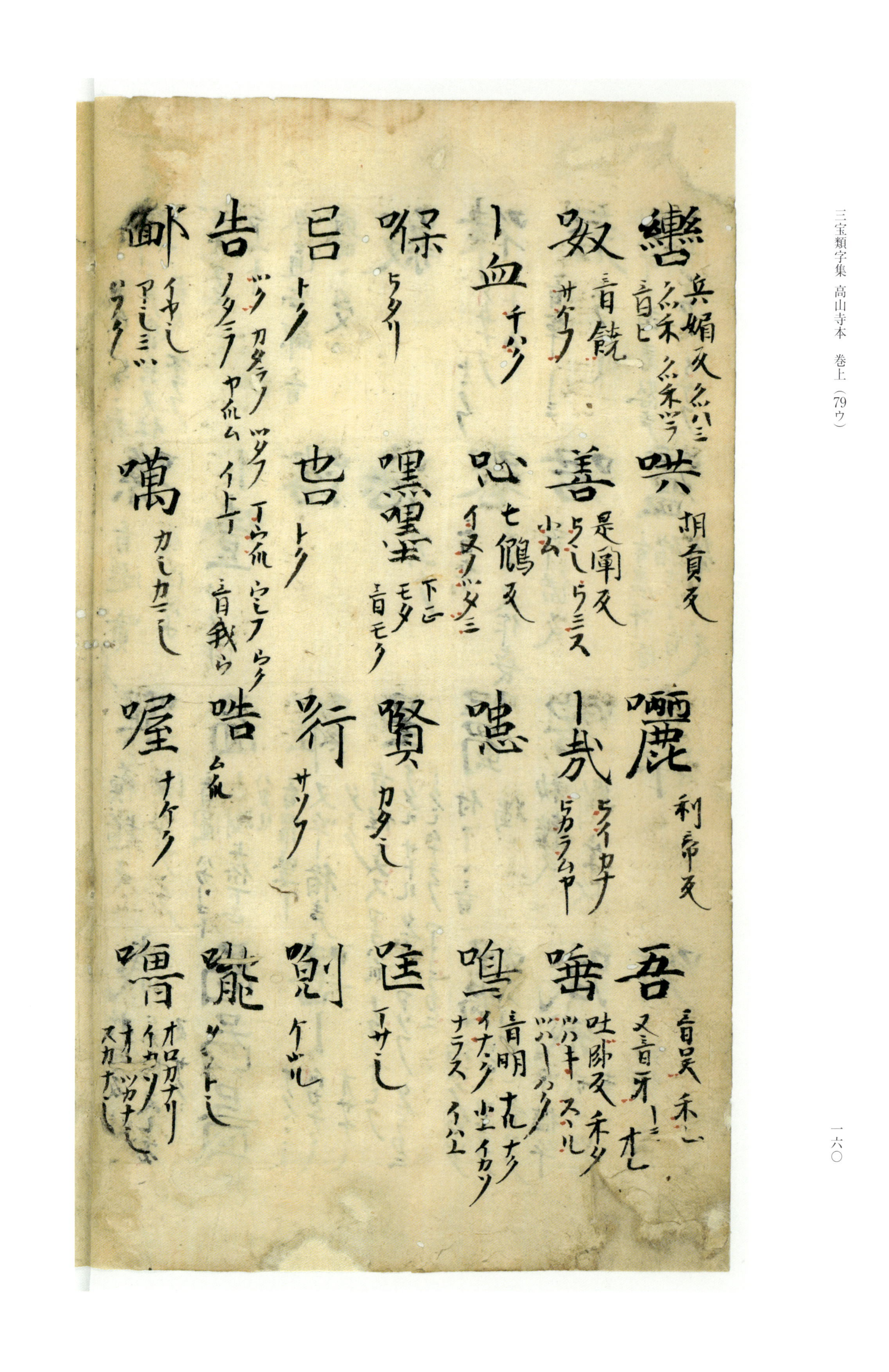

ミチ ミラシ ミラフ 嵦 アサケル 啶 嚩 粴 蚷 咩 嚬 嶮

ソチシソムシ 㘓 味 唯 吐 㖂 [口覓] [口醫] [口枩] [口并] 吻 未詳

嘌 眺庚反 真し 噭 眺也 呧 丁以 [口涅] 作入

[口豊] 他以 已上 [穴谷口] タメこし 咆 サケフ 吼 小上 音ノ

[口固] 今胡戸呈反 嗃 俗高字 音蒿 [口卑] 俗箄音 賈玉爵 [口冊] 吉侖字

罵 囂 嚚 戒 今正許又反 産 [口闍] 呼禪反 大吉ノ出内典 五天傳梵音

噉 タヒツクス 喻 サトル 嘸 ツハ一ハク ツハ一 呉 カミヒスし

噆 トナウ　嘶 鳥モノハム　嘷 ハナクラヘ　嗑 サヘツル ナク

吹呿 アクヒ　嚯 ホメク サメク　嘈囐 サハク トロク　囐 ヒハフキ

咄 アヤニク ヤ　嗂 メヒシ オモヒロシ サワク サヘツル　㖭 ナケク サヘツク コナク　嗌 ムカ

詢 牛ノニケカム　噑 カク カム　噉　噣 ツイハム

嗟呼 左上 ア

弟十五目篇　自

目　音牧　モノミル　ミル爪　メツカラ　又イナコ　モチ　ナツク　アヒラカ
四或　　㗊俗

近丨　チカメ　　比丨　ノウシ　　隅丨　アルムスル　　眼　五簡反　イナコ　又音ケン

丨皮　イナコ井　マヒ丨　　丨尾　イナヒリ　　夜丨　ヒメ　　賣丨　アカラメ

偷丨　ヌカメ　　丨匡　マホ　　白丨　ソメミアル　　睡　音砕　ミル　カスカニ　ネフル　井ネフリ

眠　莫賢反　ネフル　クラシ　イメ　　瞑　俗　　睁　音浄　　睉　俗睉字

眡　音是　視、　眡俗　　瞢　莫崩反　又音夢　夢正　　瞜　䁅　瞎　矘　目黒　䁓　七俗

瞻 正 瞻 俗

瞭 音古 ミル 又去 又手

瞼 音撿 又亘儉反

瞞 莫安反 目痛、平視、昊音治、

眵 叱支反 メクソ 音支

睚 眩 俗

瞎 呼鎋反

晩 同瘢、

暗 同

睗 武 ミヒカリ

睆 胡板反 目出皃

晩 白翳眼、

瞰 丑列反

貼 武燗反 又視

貼 ミル

盱 莫見反

盱 丁コ 又

眄 正

流 眄

盱 俗

盱 俗吹

眐 音征 獨行

肓 ミル

眸 武丑反

睨 五計反 又五 弟反

眲 莫歎反 俗 目視、

瞬 目瞚 音舜 又作眴

眴 吉作旬 目動也

睤 音倶目耶 爲半反 腕字

鼳 平娟

瞑 正

睽 俗眴字 況 促反 鶩視

峀 アサムキ カヤカ兀

瞖 音殹 与 翳通用 俗ミ ヒメクラミ

瞲 俗 ヲミロク

睊 音倶目耶

瞑 正或

瞑 瞋 音冥 メヒミノ ネフル ラル 又音眠

睽 苦圭反 示 コトニ ソムク

轉 メクル

曀 音同 吴音 翳 メミヒクリ

眴 句 胃縮反 ヲミロク メクス カユク 胡遍反 又同 睥

眴 音倶目耶 睭 ミ 瞍 今

眀 呼佐反 ラーメ

瞚 同

眩 音懸 メクル メクル カヤク

眍 俗眍字 竹戸

眪 俗眪字 音丙

睒 失冉反 ミル 三ミム カヘリミル 又音𥇒

瞮 所戢反

眆 ミル 糸葡二音

眅 盼 下同 普莧反 瞀、目黒 白分、

眅 匹姧匹諫音 板三反 目多 白、

眮 音動 瞋目 顧視

朒 ミル

瞳 童音同 トナコ トナツフタ

瞽 音古 メシヒ メシヒタリ

瞽 䁦 佰

𥈋 𥉻 ミル 火巻反

瞬 佰 瞖 𢡟字 ＴＮ

矊 矊 瞲 目 目 上三佰下正

睢 許規反 又雖音 佇目 大視、張目叫呼、

瞪 大登反 又丈證反 ミル コトナリ 直耕反

盱 メミハル 三ハル

𥉃 羊灼反 呼協反 閉一目、大涉反 瞼

𥊍 又

䀹 古覓反 目病、

睿 羊稅反 フカシ

睿 叡 𥈕 正

𥊎 佰 叡 谷 音 佰

瞀 匹角反 乱、目不明 三ル 匹留反 三𣚘反

䀏 音因

瞹 音愛 又鳥罷反

睿 眦 在計反 又自音 トナミ

ノムサキ

睺 側詵反。

矚 主蜀反 三ル

睩 正俗 力木反 三ル 善、諠、

瞾 カヘル 禾ツラ メメル アグ カタノナク イトハル ヤホル

瞰 曦 下俗 莫結反 メタル タヽラメ

眣 力結反

睹 正覩字 當古反 三ル

瞥 怖蔑反 三ル ヒトメ カタル

瞥 瞥 俗

䁱 俗門字

睥 普計反 雅視

瞦 弋暗反 直視 又蹠音 淫視 アカラメ 眤古 睇下

眆 古倣字 同反

䁠 俗盟字

覞 俗了字

睍 音峴 日出、好

䀹 俗䀹字 呼貝反

睔 古迥反

䀏 俗零字

瞾 䁍 二俗 瞾正 三言 一耕反

䁓 俗鸚字

䀫 俗呀字

瞾 俗瞾正字

瞿 音劬 又去 三ル ツヽム ツラメ

矍 䂂 火夕 ツヽラメ

矅 三ル

瞿 三ル
矐 メシクル
矚 アカラメ
瞞 コミし タカし

矍 𥉹𥊍二正 矩籰反 三ル
オトロク 視遽皃
瞷 アラハル
瞐 名 ヒト 三
又音 キン

矔 ノチヒソム
矓 俗 朦 正 音 濛
瞙 音 莫 ニタ ヌノヒタ
瞯 瞷 音 閑 俗閒字
䀯 又音キン

䐗 䁆 䁆 音 梵
䁥 瞔 カ代反 又 良芍反
矇 俗 濛字
䀡 張 踊 反

眭 音 佳 䁢 俗
䀇 イナカラフ
眶 俗
眊 火 剖 反 三ル カナヒル
䁦 䀻 䁦 正 俗 今

音 巨 メヒヒ
䀹 巨 井 反
睛 音 淨 ノ 悅 視 又 音 生 イナコ
䁴 蓄 巨 ル 目 目 自 䁻

上 二 俗 次 今 下 正 瞙
ホし 音 荒 目 不 明
䀲 䀾 䁃 三 俗 䁃 䀾 二 正 女 し 反
ミタし チカし 三十 ヒトミ
チカラ チカツク
䁔 殊 滚 反 息 又 昔 本 反

䀹 上音遊ス
睃 俗通
瞸 二凡
䁍 吉甲反 目陥、陥、
䀼 二凡
睚 瞪 下俗 ニラム
矖 䚕 纚 二正 上音 又梨 二凡

䀎 上音倭 又側甲反 ミル ムニ又俗眈 シテ見
䁋 瞜 俗
䀏 古玄反 又許 玄反
䀰 俗
睦 上音雉 ニラム
矐 上音霍
矚 上音隦

䀹 正
睒 閇構 二上音目
瞢 音瑩瞸 字 或、
瞰 アラス
睦 上音目 ムツフ ムツマシ ミタカフ タシム 又穆
䀏 七厲反 二凡 ミル
耆 巨併反 六十 ミル イタル オイ 名 人 オイ

睫 上音接 マツゲ マナフタ
䀹 烏郎反
瞵 力珎反 視 二凡 フヲ イカル
䀏 音丙 又古 仿字
睦 二凡 ヤハラカ ヤフル
瞖 俗壓字 将六反
眉 俗

⿰目壽　俗疇字

⿰目菴　音奄

⿰目告　皆高二俗　晧字　音皓

⿰目介　俗擺字　居簽反

⿰目貴　音貴　目疾　俗呼愷反　メシヒ　メシヒ

⿰目聿　疵涉反

夐　蘋走反　亡上　眫字

⿰目區　俗軀字又　俗傴字

⿱𦍌目　音萬　目病

⿰目也　俗馳字　与氏反　下ル　カサ又

眝　音佇　張目

眯　音米　草物入目

⿰目寠　所留反　又吝食反

⿰目爰　火遠反　又後　音　大目皆

⿰目豆　俗脰字　音豆

督　正

⿰目地　ミル

⿰目守　俗

⿰目迷　擲条反

⿰目戚　俗

⿰目支　音岐

⿰目辟　布未反

督　俗

⿰目遺　音遺　季反　又逾

⿰目享　音淳

⿰目延　余万反　又音延　ミル　更視

瞍　メクラ　メシヒ

⿰目㢟　阻狭反　目開　閇

目

⿰目義 俗⿰目羲字 音義目

眸 音牟 マナコ ヒトミ マナシリ

眈 丁敢反 又丁含反

⿰目交 ミ

⿰目斬 音斬

⿰目匹 俗

⿰目枼 同 在上

眇 スカメ ハルカナリ チヾス 音拗令 ハカル シチカタメ 又音玄令

⿰目察 在佃反 又斱 音澤 眼、

眈 ワカし

⿰目魚 音魚 馬雨 目白

盯 瞠 丑更反 下人湯 音 三儿

⿰目式 音式

⿰頁木 初甲反 又音 龜 鼃屬

⿰妙目 ハツク

⿰目廐 俗

眖 三儿 ミカワ

⿰目奢 昌老反

⿰目棠 三儿

⿰目去 俗肚字 音杜 目峇

⿰頁目 俗

⿰目綿 目妙 ナカム

⿰目余 音余 又途

旻 武巾反 和、視、

睮 羊朱反 又香歩反 一目

眡 音視 又 是視

⿰目知 音知

瞜　都路反
睿　俗睿字
瞰　苦濫反　三ㇾ　ノソム
睰睄　下俗　他穽反　矢意視、　肎月柚二音

脩　正　見不正
睄　中丸乙　丁乚
睸　中丸乙　口ㇾ
睽　音機

睼　アハル　他見反　三ㇾ　又音啼
眚　所幸反　所景　反　アヽコヒ　アヤニシ
暘　音羊　三ㇾ　暘　音適
䁯　俗䁯字

瞀　俗牧字　無粉反
眹眰　下俗　徒結反　目出
眺　俗陁音戈　[illegible]音未詳
矐　俗癰字

眼　力向反　目病
眄　俗靦字
睿　俗峻字
暈　ル王反

股　俗槃字
睇　視　三ㇾ　シカス　ナカミ又　[illegible]音茅邪
流　ナカミ又
瞸　湯欽反

𥃩　音杳　又物　[illegible]目、
瞲　睸　一決反　目深
睿　ヒカ反
睴　胡本　公困　二反　大出目　三ㇾ　ツヤヽカニ又

目 視、 [illegible]目、目、

瞦 火之反 目精

𥇒 斌斐二音 大目

睅 音限 大目

𥌓 音檡 視

䀸 三ル

眽 音脈 姦人 視 三ル

瞏 胡慣反

𥉞 莫极反 三ル

䀱 三ル ヤム

盰 音幹 目多 白、張目、 ナカミメ メツカミル

矔 音貫 瞋目 イツム

睘 音瞏 驚視

𥈳 之閏反 鈍目

𥌊 𥌊 音眠盧 胡犬反 瞳子又

𥌒 音綿 ミムナコ

眺 眺 目 下今 他弔反 アーラカニ カヘリミル ヒカ、ス 三ル ヤム ミラム ミラ、ス

睢 盱 大三八ル 𥅀上下 休俱反

盱衡 ミル

𥆧 𥇀 音𥃩 敞人視

睔 公困反 大目 又工患反

瞭 ヒカリミル

䀹 ヒカリミル 三ル

䁋 音殷 又小兒白眼 三ル

䀼 史括反 高視

䁙 章善反 視

矉 音頻恨 張目

䁗 胡佳反 小視

䁲 古咸反 ミル

瞖 音契 省視

瞗 音調 熟視 ツラツラ見 アクミル

盻 女胡反 胡刮二反 短深目

瞜 烏見反 目相戯 又烏跡反

瞫 失荏反 下視

曹睹 目不明 並末反

昧 音妹 クラシ

睞 睞 カヘリミル ミル カタハラミル 亂カス 音ライ

盻 メカリラハ

睐 スカメ カタハラミル

眷 音巻 カヘリミル 又音化 コヒシ ミスヘ

睠 カヘリミル

睶 カヘリミル

䀼 音振 眩惑 ヒトリ

䂂 音徐視

睫 音倢 又食 半目 トハル

瞡 瞡 下今音 蒙不明 有眸無見

矇 音蒙 有眸子而无見

睅 烏官反 目疾 又苑音

瞭 音寮 目明 又音コオ メタシ メカリ

瞟 音亮 目病

瞺 烏外反 目間

昭 士彫反 睛不悦

王莊負反 目眇

爵 音爵

矚 呼出反 驚視

䁥 昒 二或

瞑 目冥

目睽 ヤハ千才反

瞡 已志反 三ル

䀱 火刮反 カニヒルシ 三ル

䁩 目龜 一今音 目萠視

目長 失志 音帳

睚 目圭 五狄反 又五項反

目羊 羊様 二音 羕目

目戠 側立反 目出汁

目堯 苦交反 除目 又苦良 蔦鈎 二反 ホソル

目奎 火主反

目剌 蘆葛反 目不正

目監 音薦 汗面

目复 音呼 同上

目隹 胡貢反 又呼郭 胡穀二反 明、

目匀 音絃 日大白

目累 音樓 三ル

目翏 目翏 下正 不平

苦交反 宵一面 ホソムル

目莽 莫朗反 月暗

目咎 音耳 一瞌 有餘視

目取 カル 三ム 三ル 三ム

目盍 蒲蓋反

目宛

目廣

呈 勅領反 三ル

目市 不明

目毛 音冒 又音邈 メクラシ

眹　失稔反　瞸
瞰　職三　巨非反　伺視
䁯　音啼視　識
瞺　音窓　測

聽　音戚一　欲卧
𥇖　勅介反　瞥
晰　ア一ラカナリ
盺　俗盺字　音　欣日明　三ル　ラシ

瞘　音區　未詳　俗旭字　說
䁐　丁结反
䁏　楚耕反　安審、
眑　音杳　也　静

䁪　音曆　又三ル
肌　音鴂　目童一
晚　莫限反　視
睎　音希　三ル　フカし　カヘリ

睛　不乙
眕　音秘　恨、　三ル　直視、　惡視、
瞋　昌真反　イカル　タラタメ
瞜　烏見反　メカリ

䀏　公縣反　三ル
相　先亮反　タスク　三ル　ミチビク　ツカサ　カタチ
睟　音遂　スイ　一然　潤澤白　アキラカナリ

宛ハし　ニ一ラカナリ
䁕　居完反　睛見
瞯　胡間反　目白、　目病、馬一眼
瞸　菲之反　目汁ノ凝

眙 丑吏反 佳 治 瞪 直視 又
昭 照
瞈 書無此字 應作翕
䀹 未詳 應作

睋 五何反 ミル
省 思井反 ミラ タスク カヘリミル ハフク ヒクス ツヽム オヤケ 又音カン
眹

瞟 匹妙反 目病
且 子餘反 又音 書 カクカリ 此明、登、詞、
眉 音靡 マユ
一 カタヽ上

看 看 俗正 苦寒 反 ミル カヘリミル アツカフ
看 同
看 正 或 翰
睱 音カ ヤア ヤスミ ヒロコフ
瞿 トリメ

𥈤 ミル
𥉈 ミル
䀠 ミム
矊 ヒシカ ミル

睬 ミテヒヽ ミカエ
瞱 アミロク ニホフ テル
𥋜 同
睕 ヒサシ トホク ミル ツヽム

䀶 アトラカナリ
明 ミチリ アマラカ ミル
矐 オトロク
眘 カヘリミル

䀹井　瞖ミル　䁐ミス
瞍　瞎ツムカ　䀏ミル　䁃ヌケ　䀕ミル
睒ミル　瞴ミル　䁩同　䁂ヒトミ
瞞ミル　䁹同　䁦同　瞗ミトロメカス
䁗同　䁎クラシ　䀩カハヘ　瞶アカフ
睆ネフル　䁏
瞯トラフ　䀺ソナハル　音ク　昨音祚祭　餘肉　䀲今正音　手忽人皆
䁅　𥇥　瞖　睿　䁐　睰　䁌　䁠　䀁　賭　瞜　睽

目毛 目奄 未詳　瞏 今作睘字 古迴反 好叉孔 類叉　目曼 音申　目昏 蔵念又疲 尖反 開目 思之

鼎 音頂 正 鼎字 アミカナヘ　目斤 タ〻ル　目赤 ミル　目無 カミ又 馬目白

自 音字 ミツカラ オノツカラ ヨリ ヨル コヽイ カタチ カクス　臱 音綿 不見〻　皃 臲 臭 臭 上三俗 下正 音完反 カク 音〻

皐 音罪　皐 カクル　皐 ワタル　自非 音高 地名

目皆 俗惱字　舟台 正船字　舟公 舟谷 二俗　舟直 音直

目正 目臣 音梵　臬 イル 射〻

第十六鼻篇

鼻 頻寐反 ハナ ハヒス ツラヌク
鼻 俗 鼻 借勝字
䶑 於貢反 ハナヒセ ハナヒヒ
齃 或俗

鼻 俗
齆 齆 俗 䶏 字 ハナフサカル
齂 ハナフサカル
鼾 音翰 ハナイヒキ ハナカケ イヒキ キル

齁 呼雷反又香 風反 ハナヒセ クセル
劓 劓 魚既反 ハナサク
濞 匹備反 水声 ホトリ 又普敗反
嚊 吘嚊 三伯

鼻皮 匹計反 ハナヒル キル ハナケツル
鼽 音求 年不利
齂 火懐反 又呵 介反 臥息 イヒキ 声 鼻畀

鼻 平病 作鼻

𪖐𪖐 下正 子回反 臭 高

𪖌 又𪖌 虚起反

𪖙 𪖛 平押反 鼻 𪖛 鼻句 呼候反

𪖩 𪖩 𪖩 上俗中俗通下正 阻咸反 高鼻

鼻會 鼻單 大決反 喘息

𪖭 𪖭 嗅 嗅

𪖭 上西俗下正香 救反 カク

𪖠 火回反

鼻卑 鳥佑反

鼻至 又嚏 足字 丁計反

𪖈 ハナクキ

𪖞 ヒラム

𪖝 クサル

鼻欠 カク

鼻壹 ハナクチタリ

𪖗 ハナチ

鼻單 未詳

又鼻 𪖆 一名 〻 〻 又 呼 蚍 蟲

〻 〻 ヘヒ

鼻帚 鼻 ノ 禾 タリ ハナノ禾キ

第十七見篇

見　居薦反　エラフノ禾レ　イチシルシ　サトル　戸練反　三ル　ミユ　アラハル

覞　ナラヒミル

觀

䚌　ムカフ

㒹　オヤ

覠

覵　三ル

覬　上ニ下俗

親　俗

覲　音僅　三ル　又後ニ

覺　音角　サトル　アラハル　オホーナリ

觀　音官　三ル　又音貫　樓　アフク

覔

親

覩　都底反　三ル

親　七鄰反　チカシ

視　ミム　ナソラフ

覿　三ル　音狄

覘　三ル　豔反　モトム　ムカフ　占反　弐豔反　ウカフ　覶　力戈反　又音乱　｜縷委曲　ツハヒラカ　クハシ　覶覶　今俗

｜縷　ツハヒラカナル　靚　音浄　オソル　ウツノホル　古奉、ミツカナリ　ウツノホヒ　キモフ　三ル　覗　或伺字

覯覯　下冓　公候反　三ル　アフ　十ル　覬覬　下正　音寄　ネカフ　ノソム　トホル　三ル　ウカウ　覦　以朱反　希覬　覬｜　ネカフ

覦　正　ノソム　三ル　オモフ　ウカフ　覷　七慮反　規　吉惟反　ノリ　ハカル　ハカリコト　ネカフ　負、タヾし　イトル　䂓䂓　二俗

覡　胡激反　三ル　カムナキ　オトコカムナキ　覡覡　上正　下俗　覞　待騎反　又今　倚字　於劔反　覩　俗迴字　胡昊反

覘覘　下正　音佔　見、　覩覩　下今　力代反　視　覩　俗　ウク　覩　俗　又見音　俗憎字　音曽　末詳

覓覛　莫暦反　モトム　三ル　又音　ミヤク　覔　俗　オトロク　覭　所杏反　覞　東人云　音峴　咗　千八ノ　タメクリ　仉

覐 俗

䙉 音委 一戈反 好視

覞 覃䚀二音 肉視々 又充針反 人徒感反

覩 音渾 又五困反 視

覥 俗 三ル

䚄 䚄二正 音眉 伺視

覴 傍来反 未詳

䚋 䚋二正 音諸 三ル 傍視

覤 禄録二音 眽曲

䙾 音得取

覟 音提 又徒麗反 視 三ル サトル ツハヒラカニ アラハス

覹 音尾身随

䙺 音翻 覵ー 賓ヽ

䚍 丁絳反 直視

䚕 上 下俗 求視、又離音

覶 喧丸二音 大視 三ル

䙹 音次 盗視

䙿 失冉反 暫見、又睒

䚐 迷氏二音 病人視

覷 俗 利粲二音

䚓 音庫 察視

覼 下正 匹眇反

覵 巨追反 又慚愧二音 謡視

覾 下正 音頻 又匹人反 三ル

䚗 音依 下視 涼

百勅□反　私出頭佖

覜　下今　他弔反　察視

覜　三ル　ノゾム

䚆　下正或　支反　又池反

覕　瞥　音始反　又篇結反　暫見　三ル

𧢌　音時　看　音　三ル

䙳　古玄反　遠視

覊　正靈　或許　器反　題睛、

覓　蒙目二音　寛前

覞　上戚視一　面柔不作

䚐　俎湄反一　傲高白

䙿　營二正音　營戚

覩　音高見

覭　アラハル　ウツヽナリ　イチミル　ミル

䚔　音耀視

覒　音苗撑、　又忙角反

䚗　或脛字　下食反

覷　五介反　又五解反

䚝　竊視

覃見　音審除視

覎　音尼　三ル

𧡛　ウカヽフ

覫　遬覫二音　赤目　三ル

覕　忙結反　下相見

䙸　音契視

覸　音間視

䙹　音慳人名　有成一、

覽　呂敢反　ミル　名

覽 上俗通下正
覻 アク
覿 三ル
覩 三ル
覨 ウラウ三ル
覦 音覓乖覿

覷 ナヒカス
覼 ミル
觀 三ル
覹 同
覾 俗皺字
覶 音覓

靦 オモネル
俔 ウカヽウ
覼 三ル
覻 音有 内典 未訓
覽 俗鑒字
覧 ミヽ今

靦 ハツカシ オモ上ハシ
晛 ヒカル
覗 イタハル
覩 音廉 廉字 三ル
覽 未詳
覼 讓 ツハヒラカニ

第十八日篇　日白是

日　入一反　ヒ　ヒル　ヒニ　古而馹反　ヤ外乙　又音二千　二日　フツカ　今日　ケフ

昢　ケフ　明　アカ　明朝　後日　アサテ　盡日　ヒネモス二

終日　同　ムカ二　日者　ヒコロ　コノコロ　日来　ヒコロ　連日

日没　イリアヒ　日施　ヒクタチ　日斜　ヒクタチ　冒　ヒ報反　カフル　カクス　トカ　ロヌル　オツ

曰　音越　イフ　イハク　トク　ノタウス　マ二　又音ロ千　昌　音倡　サカリナリ　サカユ　ヒレ　ヒサレ

曰　コタフ　イフモク　昌　アキ　カタし　ケナし　アーラカナリ　オサム

晶　音精　アラハス　ヒカルリ　アーラカナリ　昍　カフル　アラハス　星　ハル　桑経反　小乙　又音者ロ　曐　亼　曐　曐　正　今　俗

歳ー ワカシ
彗ー ハキホシ
ー明 アリアケ
旹昔 ニ古
當ー ソノカミ
今ー イマムス
　俗角字

明ー アカホシ
晨 音辰 アシタ アケヌ トハナフルコト イサ トキ トモ ツクス アーラカナリ
春 ハル 齒均反
助時旹 俗
若ー カクノコトク
𣆶 俗通 桂智
　又文桂字
眇 俗眇字 ホノカ

流ー ヨハヒホシ
奔ー 同
淩ー アサホラケ
時 是夷反 ツフサニ ウフ トハナフ アーラカ タテニ チニ トハトモ コノコレ モトイ タスク ミハラク ミル ココニ
幾ー イクハク
斤ー ミハラク
明 在月部 アハラカナリ アカス アラハス アケヌ アクノ ヒカル ミル ミツ ナル タスク ア化
瞞 俗瞞字 眞姦 州名 無目 音三ヤウ
隨 俗髄字
睦 俗陸字
昭 音指 章邵反 照 今 炤 或 アキラカ テラス

日部　三九

晥　俗

𣉢　昭　カシイト　オロイテ

𣋎　俗𤸫字也　㪍反　曜、

杲　女諌反　アカし　アツし　温涇

𣈶　古揩　字

𣋍　女簡反　赤皃

昝　子感反　姓

晽　敎音　又赤　音

朁　朁　正今音蕙　ヒサし　ハヒラカナリ　タスミ　ミタカフ　カミ

𣊭𣊭　二俗

昫　戎昫字

晃　胡廣反　アカラカナリ　テル　ヒカル　又音光

晄晃晄　古正　俗

曠　苦浪反　ヒロし　ハルカ　ヒカリ　ムナし　ホカラカナリ　ヒサし　トホし　ムなし　又音火

曠　正　アキラカナリ

旭　許玉反　ノミル　アキラ　アサヒ

昪　戎承反　又音所　カハ　ノホル　ノホル　タカク

昚　俗

昪

昶　ノフ

昂　五剛反　アカル　サカユ　ノホル　アラク

日卬　俗

㫬　タカアカル

昂　アカラカ

昻　音卯　ノホル

昻　正

丨星

曶　昒 音勿　旦明

谷 俗

量 カ向反 ハカル カソフ 又音リヤウ

瞳 音人 之又

昔 俗音惜 始 ムカシ イニシヘ ヒル

𥈞 同

䀛 儒主反 俗乳字

昒 音忽 出氣 声曰起了

曙 音署 アカツキ アケホノ アケホノ アケヌ ヒル

量 カソフ タクヒ カスフ ハカル サトル サトシ 又年

睶 音峯

𣊡 𣋡 正俗

丨者 同

𥇖 俗亭字

暕 音簡 明又 簡音

曙 曙 正 䁥 俗

暈 正

普 音浦 アマネシ オホイナリ ヒロシ タヨル

在丨 ムカシ

憶丨 ソノカミ

眯 俗眯字

𣈙 令瞽字 音迯宵丨

暑 書呂反 アツシ アツカフ アタヽカ 又音シヨ

曈 音同 又他董反 アカヤク カカヤク

普 正

丨在 同

暜 ハカル キヨシ

晲　五号反　音進　似ム　ヒラク　オカフ

晃　カタフク

[日+蒲]　音蒲

[日+焉]　音塊

[日+去]　音去

暘　音羊　アヘラカナリ　ヒカル　カヽヤク　日出処　アクル　アケヌ

晉晉　正俗

[日+也]　弐

[日+翏]　俗膠字

[日+長]　音張

[日+泰]　巨泰反

啓啓　下令苦見反　一又啓音　雨与晝正

昜　古 [illegible]

晉　俗吸

[日+兒]　俗

[日+令]　音零

昱　音青　明白　又音亚弐　蝕反　北星名　ヒカル　テル　アーラカニ

[日+南]　俗萬字

昜　俗助字

[日+至]　音質　アーラカナリ

曇曇　下俗徒甘反　くもル　くもり　又音立ム

[日+卷][日+吉]　俗胡字

[日+豆]　俗炬　音巨

睹　音覩　アカルキ　アーラカナリ

[日+參]　俗燥字

昜　音亦　カフ　カハル　アーラカ　カハル　ソムク

カツヽし 又音イ ツヤスク アナツル ヤスヽし
暘 音亦陽雲 暫見
曨 音聾 アケツリ カヽヤク 又上
暖 煖二正 乃管反 アタヽカナリ 月ー カケヽ又 ニフ君
瞟晒 俗燸 俗暵 俗煗又 音
曜 呼郭反 アーラカナリ アツし ニーカし 俗
交ー アーセ
晿
曨 曨 正或 又音 朧
晼 音後 早、 月ー カケヽ又 ニフ君 又音ナし
睯 音瘟 日
暯 音漢 カヽヤク サラス 昏 晧
歴ー キハタ
昫 香句 香倶 沆 洵三反 アタヽカ
晢 一見反 日出白
曖 姓 音 後
曖 音愛 ホノカナリ クモル クラし
昵 丘栗反 カスク チカツク クラし ムツマし ミツし
暎暎 於敬反 カヽヤク ヒラメク ヒル ヒカリ テル チテス オツし カクル 又音 エイ ヤトル
容ー タヤスク
昝 俗跡字
曍 俗聹字
暄 下
暇 下嫁反 イトマ ーアク 安、 間
暱 正 クモカクス カクル

𣈤俗　暯音莫日晩　晡正餔　クレ　或博胡反　申時　ユウヘ

旰音乾　ヒタル　ユウヘ　晏　ヒタノ　晘何幹反　ヒ…　旱胡誕反　ヒテリ　ヒテリ

睢曜下正于況反　光、　アカムヤム　旺或　暆音移日行　昦音軌　ヒカケ　アキラカナリ

晷正　晷居洧　㬰上俗次二古下二或音側　カタムク　カタフク

𣋢𣋡下正乃代反　日元光　埃、　昨　アキラカナリ　㬴正嚮字　音向　ムナシ　ツ…

暠胡老反不明　又白、明、旰、　暠正　杲又作　暤曍下正音号　皞、

晑俗嚮字　又俗晑字次　暸　アキラカニ　晻正暗或　烏敢反　クラシ　暗音闇　クラシ　アム

晦　音悔　クラシ　クラテス　カクス　ツコモリ　荒佩反
丨者　サ一二　クカシ
暫　正暫之今塹　蔵監反　カリソメ　アカラ
暈　音運　日月　チル　ヒカリ
䁳
曬　正　サス　カワク
暠
䀶　下正　不明
曜
晴　音情
暗　クラシ
曻　音弁　喜楽
暉　正輝　ヒカリ　チル
晴　或
昒　下正
曧
曟
晫　音卓　アキラカナリ
曩　奴黨反　サキ　ヒサシ
昄　シカシ
曄　俗
昕　或
曋
昆　今衆　音　コトヒ
勗勗勖　下俗

俗温字　暟暟 下正豈 明　昈 音戸 ミタラナリ　𣋽暤 下或音 皎明又

䁶 音徹吉い字 時、　曭曭 下俗 他朗反 ー 日不明 クル ヒラへ　瞵瞵 下俗莫朗反 カクル クモル クラし

眪 兵永反 又炳 アキラカナリ　昺 或 又丙平　晧 音浩 アキラカナリ ヒノイツル カナフ テル ヒロし 又音告

曌暭 俗　暲暲 下俗音 章明　昲 芳未反 光、乾物、又怫音　𣆶 俗早字

瞟䁢 匹妙反 日乾　瞟 俗通 サラス ホカ ホス　曄 千思反 光、テル 音火井 ー曄 テル　曄曄 千立反 又筠輒反

光 テル 完いし　曝曝 正　曅 俗　曅々 テル

昉 方両反 明　曝曝 音僕 サラス ホス カハク ニハカ アラハス 又皮報反 外典用白 音 昊北反 又報 又小ト　曓曓 正

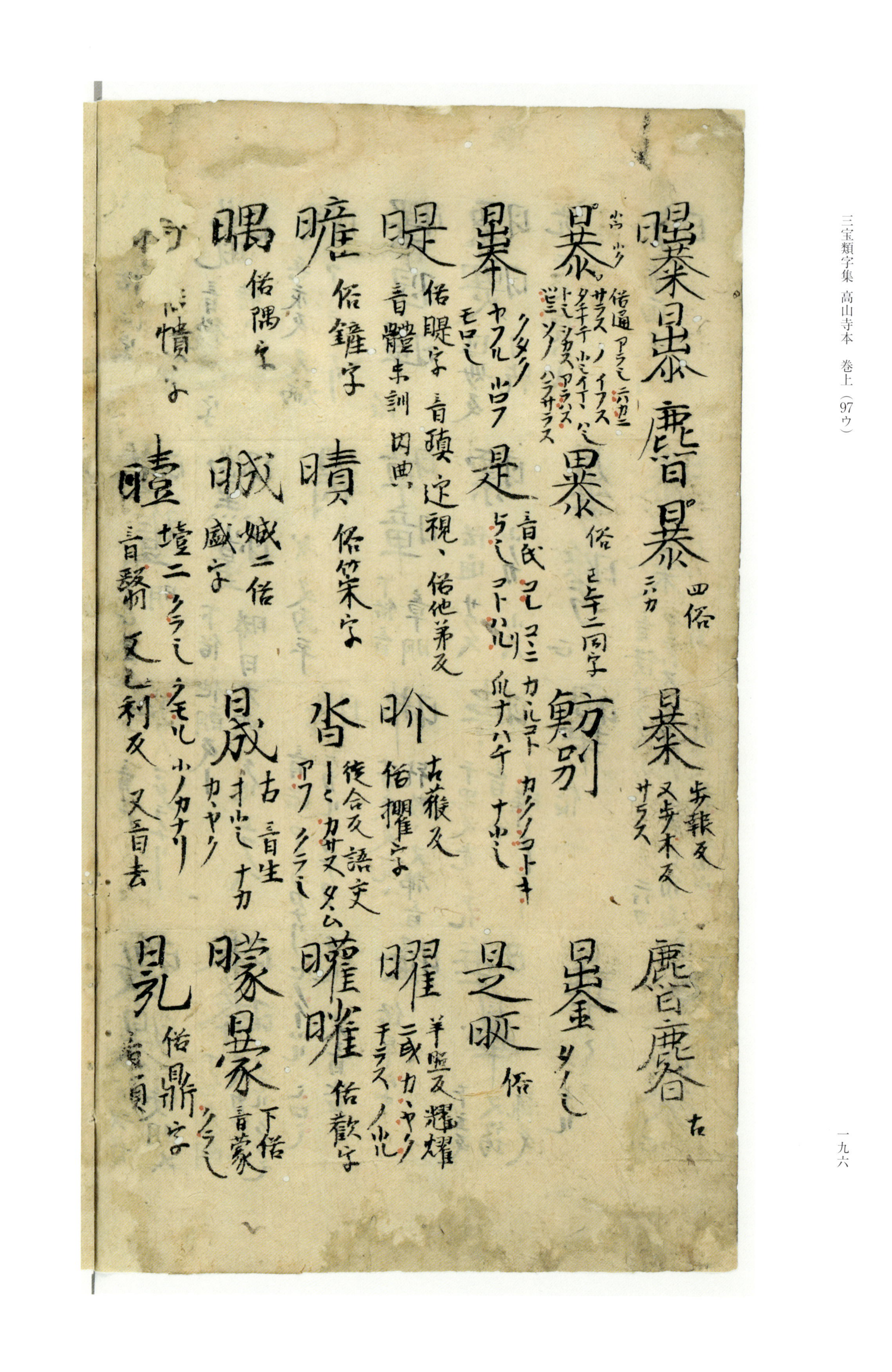

[illegible] 下俗 〃諸反 日加宁時 ク化
晳 析制二音 光 アキラカナリ サトル テラス ヒラヽヽ
昞 俗 瓶字
昝 タラ
睍 乃見反 日光
暍 音 溝
晲 俗 孚字 音律

瞞瞞 ト然反
晰 正 アキラカナリ
曝 子聚 又子 須反
晥 戸板反 明星
矔 或
暹 音纖 スヽム ノホル
晁晁 下正 直 遙姓

䀰 音乳 人名
晣 俗
䴤 豬録反
晥 カタフク
曮 俗 曮字 五蔦反
瞧 メグル
瞋 俗通 冥字 ミヘ クラし 莫經反

昕 音加 日、明、又斤音
睹 俗 貪字
晼 於遠反 クラし
瞠 俗 瞠字 直 唐反 又唐音
曟 二俗 底 字 星名
晏 倭二俗 倭字
暝 旬天二 俗

瞢 莫崩反 悶

曽 俗

昊呑 若聴反 蛙 又古頂反 光

昊睽 俗 ソムク

眣 朱赤反 光

昊 ヒダカし

㬧 未詳

疊 音牒 疊作 㳖

皛 正

[illegible] ヒテ

昢 俗 正音配 明、又芳廢反

晈曒 俗晈 白曒 正アキラカナリ アキラカナリ ヒカリ

月ノヒカリ ヤハラクノ サヤカナリ テル ヽラし 公鳥反 又音ケウ

暄 音萱 暖同 アタヽカ ゲし

晅 ノゾム

旦 音但 アシタ アキラカナリ アケヌ アカツキ ウルハし ツトメテ

叭 カクハカリ

[illegible] 俗 蛆字

曷曷 下正 音蝎 イカニ ナムゾ イクゾ イトヽテ イヤし イトム イカンゾ ウ

暍 正 𤸰 暍 二或 烏代乙未反 歇 又アタヽム アツし

㬮 女𡤻反 暍ー 暖状

矆 俗 矍字

曜 月コモリ カクス テラス

殺又 月コモリ ー

晞 正 烯 或 音希 アクヒル ヒル テル カハク カレタリ ノゾム ロ ー 又 ヤカフ モル 小又

晞 俗

日部 俗閑

曏 音聶 温丶 小炎丶
瞰 俗瞰字吉 紺反 ノソム
𣅈 俗 字

勖勗 俗勸字
㬅㬅 下今音㬅 德𢦏敏 字
㬅 俗
㬅 音徽

替 音涕 カハリ カフ スタル スツ トテル 以ム 一ユ己 サル ナゾ タカフ スタル ヤム オトフ
㬅 亡
㬅 古

朁 祖敢反 ムカし
㫨 竹亞反 㫨 俗字
㫨 コノム
㬊 祖 女し反 貴人之服

㬅 俗䁡字
曉 俗曉字 音聆
暴 俗暴字
疊 俗疊字 オクイ 㬅 ネ 以ム

曙 音徒 又鍩
㬅 一子反
旨 コロ コノ此サし 㐱し
旨 音指 又㫋迷 㐱反 㐱ネ アマし 㐱し サス 一口古 㐱し

㫄 通
㫄 古脂字 アフラ
㬅 音㬅ヒン 㐱し 以ム ハルカ カナシフ
曼 俗

昊 音浩 ヒロシ オホイナリ ハルカナリ
杳 忙ー反 クラシ ヒロシ トホシ ハルカ
暠 杳 俗
杲 アキラカ タカシ ヒロシ

暬 鞙 下正 私列反 又押習
晶 俗崩字 莫對反 又音孟
暕 音騰 又柬
晗 暭 影早四俗 韓字 烏浩反

嘻 音喜 感ー ナゲカニアリ
曬 音旋好
暅 浣遠反 又音亘 歌煖
耶 盯 俗聊字

昫 曔 曉 音祿
暡 烏孔反 天氣不明
暈 俗阜字
曜 七罪反

聲 寧泥二音 告
聲 正
曺 音槽 トモガラ ムラ ツカサ チカツク カタル ナムチ
轉 曹 曹 正 三

胄 除救反 カブト
書 傷魚反 フミ カク ヒルス ノフ
䁻 ヒチル
晤 魚故反 明 アフ サトル アキラカ

景 影 京 通正 居影反 オホイナリ カゲ ヒカリ
行 心ハセ
秋 音 カタシ

昏 柯諸反 ニフ 未詳 ヒトヽし 皆ニ ヒヽし
瞀 カ古反 ニラヽし ノフ ミヽム オロカナリ カフル
者 諸暇反 モヽ ヒトニ ーハ 者ヒ

獵ー カリヒト
曽 昨稜反 カツテ スナハチ 字ヽし オコル
昂 音万 ナカヽし ノホル ナヽし タリ ノホル
敢ー タウサー

曛 許軍反 ヒクヽし
晃 音晃 モノカフリー
曍 之欲反 明ヽ 元ヽし
曥 カ魚反

晏 於諫反 クルヽ晟 オソヽし 烏見反 ハレ ハレタリ ヤハラカナリ ヨスル 又作宴安 ヒタク ヒカリ カスラカ クレヽ ヒラフヘ ユフクレ ーーイツカノチ ヒツカ ヒしロ ヒクレヌ 上ハヤし ツトニ スミヤカナリ トヽし ヤハラカニ ーム アヽタ ツトメテ オサナヽし
晏 烏鴈反 安 天清ヽ 鮮翠
早晩 上音澡下元 遠反 オソヽし クレヌ
昏 上ユフへ クラヽし ヒクル コハヽし ツトム ヒヽ 音惛 ヤミ
婚 在女部 上ツキ 昏

垂昏 ヒクラヽし
曦号 音義 日光ヽ ヒ ヒカル カヤク
曉 呼鳥反 アカツキ サトル アケヌ アヽタ トー アーラカナリ タヒヒ アラハル

昧 音妹 クラヽし アーラケヽし クラフ オカス ムサホル ヒロヽし
暮 音慕 ユフへ ヒラフへ オソクス クレヌ
疇 音儔 タカヽし ツク
最 ツトム モーヽ 音サイ

昡 ヒカル テラス　晈 テラス カヽヤク　晪 ヒタカし　𣉞 ノタク

昨 音鑿 ムクユ ソク ヒロキ サキ　憶 ー ムカし　𣈲 サカリ　𣆶 カク

昍 ヒロし　睦 チカし ヤハラカニ ムツ ムル　智 サカし サトル サトし トし トモ 𥏼 智 𥏼 智 俗 𥏼 古

㝵 トル サル トネル 音介エ カル　𣋩 俗暦字 タメス ヒカし オノヽク イム イモヒ カサル ナリ ヒトし ミチノリ イ名 ミツカナリ トヽク カヘル　昚 俗

𣌭 ハし　𣉷 カトフ カクフ トフ ソク　𣅿 コノム　旼 ヤタラカナリ

𣌞 カヽヤク　晬 クラし　暈 チル　曒 サラス

𣅩 メク　昱 ツナヒク　睺 アラハル　晟 千笑反 水浴

[illegible] 音[illegible]

白 音帛ヒヤク 〻ロ〻 キヨ〻 アラス スサミ〻 サカツ〻 スナシニ イチ〻ロ〻 カタチ カタラフ モノカタリ トノフ カナフ

皢 音暁 白〻 アカル

皅 怖巴反 〻ロ〻 平遍反 又普夜反

皃 貌正 莫勠反 カタチ カホ 通

臬 俗臬字 倪列反 苊〻

皦 勅昆反 アキラカニ サカナリ

皛 胡了反 アキラカナリ アラハル ウツ〻 イチ〻ル〻 又音鬼

皓 胡老反 〻ロ〻 アキラカ カヽヤク

皂 音造 名〻

[illegible] 皇 皀 貌很五俗

皋 フ〻キ

[illegible] 或毋字 音策

愕[illegible] オドロク

〻晳 ミテヽカナリ

的 正 勺 或 都歷反 トヽ アタル ミル トホ〻 トメク タヽカニ ミル ヤサ〻 アキラカナリ ハタヽカナリ

皇 莫角反 又香泉反

皁 正 名〻 ムマフ子

皤 顛 或 婆波 二音 白首 イサム

[illegible] [illegible] [illegible]

[illegible] 丁侯反 〻 [illegible]〻 又斗 音

皃 完 二正 音丸 下久〻 毛ハラ

〻〻 ミラクタリ

〻 同
皺 ムカワカナリ
皛 ソヘク
皇 スヘ[illegible]

皚 ミサオナリ
皈 カヘヤク
泉 音全 イツミ
泉 正

皐 皋 通正 音糸 俗皐 伺視
皅 ハラ
[illegible] タエ

昦 音後 厚
[illegible] 或灌立 負又 情賁
暋 或敏字
[illegible] 音瑜

[illegible] 音移 [illegible] 丨面衣
冐 俗猒字
[illegible] 属 音忽 豚
[illegible] 許干反

俗曰哷 殿冠
勗 許玉反 ススム ツトム コハシ ツヨム
旧 光
杳 [illegible] 俗正音 [illegible]

昔 俗 貫穴
[illegible] 鼎 音須正 アミカ ナヘ
[illegible] カル
習 ナラフ

昰　オノ
是　隷書是也
於是　コヽ
趣　俗取字

韙䪞　下俗于鬼反是
尟　亦尠或鮮　今仙善反　少
䟃　俗啼字
䟔　俗祇字

匙　之一反
匙　市脂反　カヒ
𧾷　或
㮛　或

鶗䴘　下俗徒兮反　鳥
鞮䪘　下俗　音低　ー鞻　四夷之樂
踟　俗侍字

題　音提　署看ヽ
覞　或
躄　俗躃字

ツ　九田篇

田 音塡 和名タ上口 三川ク カリ ヌテン

氷丨 コナタ

白丨 ハタケ

陰丨 同

粟丨 アハフ

豆丨 イメフ

損丨 ソテヘルタ

由 音猷 ヨル ヨミ ミチ井ル ナホシ コトクユウ ミチ ヨミシ ユウ ミタカフ 井ル ホミ イト、

所丨 上ヘ

甲 古押反 和名 コフ ハム スクレタリ

疊 ナラヘリ ナミタリ ヨロヒ 又 イサル カサナル 音コフ

其丨 ナカシ

邑 俗邑字

⿰田少 音抄

⿰田莫 音漠 耕 麦地、

⿰男男 奴鳥反 俗奴咸反 誤料、

畢 俗単字

⿱⿰田男⿰名田 俗畱字

⿰田𠂢 ⿰田介丨 俗𠑬字 君傳反

界 音介 サカヒ 又音カイ

界

⿰田介丨 俗

畟 畯 下亡 音俊 古文

畛 畛 音軫 三千 サカヒ

畧 俗

疇 音儔 字 タクラフ タクヒ トモカラノ名 サカヒ ヒトシ ムクユ ナラフ ヨラフ クラフ

畊 俗

勖 音雲 勉 又封反

[illegible] 古文

畯 俗

畦 胡圭反 菜ー 字 名

惣ー 凡ハフク

畎 俗 昇字 カ拙反

畾 畾 二点 雲雷 タクアタヒ ヒタ

礨 俗 磊字

睠 俗 巻字

畧 呂灼反 少 アラ、ヱラフ ハカリコト ハフク モトム サカヒ オロカニ カナラ… ホトコス 三千 ヒクトル ハカル トシ オサム 音リヤク

約ー スコシハカリ

疇 疇 上俗 下俗 通

畤 畤 音律

罍 三勒回反 モタヒ 酒器 サカツキ

暘 音暢 不生

瞳 墥 曈 三 石他 短反 践處 打 墥 鹿跡

畧 俗 通 畧字

町 他頂反 和名 ナチ ナハ 丁千 音鼎 三千八

畛 音畦

疊 罍 箱

畷 音綴 昌雪反 ナハテ 山カ

[illegible] 俗豊字 音礼
[illegible] 俗
[illegible] 食陵反 睉埒丶
[illegible] 或 塍古

畟 今稷字 音即
[illegible] 音同
[illegible] 俗納字

畄 アラ一ハリ
[illegible] 音畄 アラタハル 字 田一或
[illegible] 畄三或
[illegible] 正 畝古

畎 篆 入正 音犬 タミツ
[illegible] 或
[illegible] 音余 田二歳
畬 正 コナタミツクリ

[illegible] 古
[illegible] 音桑 和田
[illegible] 如専反 又而稍反 城下田 又奴過反
[illegible] 正

[illegible] 於制反
[illegible] 下正音 流タ 中キタ
[illegible] 音㻌残 藏田
[illegible] 正

[illegible] 下或於遠反 田卅畝
[illegible] 下正音 田刀ル
[illegible] 俗
[illegible] 正畝 俗通字

『三宝類字集 高山寺本』解題

山本　秀人

本書『三宝類字集』は、部首別漢和辞書『類聚名義抄』の改編本系の一写本であり、同じく天理図書館所蔵の観智院本『類聚名義抄』と異本関係にある。高山寺旧蔵であるため、高山寺本『類聚名義抄』と称せられる。ここでは天理図書館善本叢書の解題（以下「旧版解題」とする）の内容を含めて改めて記述することが本筋かと思われるが、本稿ではその後に判明した辞書本文の状況・特徴等を主体に記載する。その点を御了承願いたい。なお、蓮成院本（鎮国守国神社蔵本）において、高山寺本系本文に関係する注目される事象が存するので、これについても言及する。

一　基本的書誌

請求記号八一三―イ七三。書誌は旧版解題に詳しいが、解題として必須であるので基本的項目のみ簡略に掲げる。

(ア)　書名 … 「三寶類字集」。

(イ)　装幀・丁数 … 綴葉装、表紙無し、全百五丁。第十九～二十一丁、第四十二・四十三丁に錯簡があり、影印ではこれを正して、それぞれ第二十一・十九・二十丁（三九～四四頁）、第四十三・四十二丁（八五～八八頁）の順に掲載している。なお綴葉装は「冊」で数えるべきであるが、非現存部分についても言及する場合があることなどから、以下便宜上「帖」を統一的に用いる。

(ウ)　法量 … 縦二五・六㎝、横一四・五㎝。

(エ)　外題 … 無し（表紙無しのため）。

(オ)　内題 … 「三寶類字集巻上」。

(カ)　尾題 … 無し。「田」部本文末尾で終了。

(キ)　料紙 … 楮紙。

(ク)　行・段 … 半丁七行。辞書本文（第三丁表以降）では各行四段として一項目一段を基本的区画として掲出字・注文（割注）を記載する。注文は二行書き、三行書きが多く（四行書きもあり）、一区画に収まり難い記載量の場合は複数区画を貫いて記載する。

(ケ)　界線 … 右「行・段」に合わせた押界が篇目部を含む全紙にあり。

(コ)　奥書・識語 … 無し。

(サ)　印記 … 「高山寺」単廓朱印（第一丁表第二行）、「寶玲文庫」単廓朱印（第一丁表第四行）。

右についての詳細等は旧版解題を参照されたい。また、高山寺から天理図書館への伝来過程等についても旧版解題に譲る。

二　構成・篇目と書名

『類聚名義抄』には原撰本系と、それを改編・増補した改編本系とが知られる。原撰本系の伝本は図書寮本（書陵部蔵本、院政期書写）のみであり、その内容等から院政期成立と判断される。改編本系は、鎌倉初期書写と見られる高山寺本、鎌倉中後期頃書写の観智院本（天理図書館蔵）、鎌倉後期頃書写の蓮成院本（鎮国守国神社蔵）の三種の伝本が基本的なものとして知られる（ほか宝菩提院本、西念寺本が存するがいずれも観智院本に近い本である）。改編本系（原本）の成立時期は院政末期と考えられている。

原撰本系（図書寮本）も含めて完本として伝存するのは、周知の如く改編本系の観智院本のみである。各本の伝存状況、伝存する帖の対応関係の詳細についてはここでは措くが、参考・比較のために観智院本の構成を見ておく。観智院本は「篇目」帖を含めて、

〔観智院本〕「篇目」（全本文に対応）

「佛上」（人～身）　「佛中」（耳～肉）　「佛下本」（舟～犬）　「佛下末」（牛～黒）

「法上」（水～山）　「法中」（石～衣）　「法下」（示～寸）

「僧上」（艸～金）　「僧中」（人～隹）　「僧下」（魚～雑）

の全十一帖であり、本文は全十帖、全百二十部首である（「佛上」以下の丸括弧内は所収部首）。

これに対して高山寺本は、全六帖であったと推定される最初の一帖「三寶類字集巻上」（内題）のみが存する。この内題における「巻上」は、後述の如く「佛」帖全体を指すかと見られ、「佛上」「佛下」二帖を併せた標題と思しい。但し、本帖の実際の本文は、観智院本「佛上」（人～身）・「佛中」（耳～田・肉）の内の「肉」部を除いた「人～田」部に相当する部分である。以下本稿では、

本帖を便宜的に（或いは慣例に従って）「佛上」帖と称する。

　なお蓮成院本は、全六帖であったと推定される内の「佛上」（人～田・肉）（「人」途中から「辵」途中まで欠、「肉」途中から欠）、「法上」（水～衣）（「言」途中まで存）、「僧上」（艸～皮）（「殳」まで存）、「僧下」（革～雑）（「車」途中から存）の四帖が現存し（但し「僧上」「僧下」の部首配列は観智院本と大きく異なる）、やはり高山寺本現存部とは「人～田」部が重なる。また原撰本系の図書寮本は、全六帖であったと推測される内の「法上」（水～衣）一帖のみの現存であり、高山寺本現存部とは重ならない。

　高山寺本「佛上」帖には表紙が存せず、内題「三寶類字集巻上」から始まり、第二丁表まで篇目が掲げられて（第二丁裏は白紙頁）、第三丁表より辞書本文が始まる。帖末尾は、右述の如く「田」部本文末尾で終わっており、観智院本の「佛中」（耳～田・肉）、「佛下本」（舟～犬）の境界や、蓮成院本の「佛上」（人～田・肉）末尾とは異なるが、以下に述べる如く尾欠ではない。

　篇目部における記載では、「法佛人篇第一」「報佛女篇第二」「應佛肉篇第三」「化佛木篇第四」とする四項目に区分されており、各項目に「一人」「二亻」「三辵」…の形式で部首を列挙する目次が掲載される。「法佛人篇第一」は「一人」～「十一耳」、「報佛女篇第二」は「十二女」～「十九田」、「應佛肉篇第三」は「廿肉」～「廿八手」、「化佛木篇第四」は「廿九木」～「四十黒」の部首が示されており、「法佛人篇第一」「報佛女篇第二」等の二字目の「佛」は「佛」帖、「人篇」「女篇」等は各区分における最初の部首を表示したものと分かる。またこの目次が、本帖に続いて存したと考えられる「佛下」帖も含むものであることが了解されると共に、「佛上」帖の最終部首は「肉」部ではなく現状通り十九番目の「田」部（「報佛女篇第二」末尾）であることが判明する。四項目名の一字目は、並べると「法報應化」の句となる。高山寺本の篇目部分では、この後に更に「佛寶類字書（ママ）略頌曰」として、改めて「人」以下「黒」までの四十部首を掲げる。この略頌では、四十部首を「人～走」等の五字句に区切って全八句とするが、第三句「耳～目」の「耳」右傍に朱書にて「已上一」と付記し、以下同様に「田」に「已上二」、「手」に「已上三」、末尾「黒」に「已上四」と付記して、「法佛人篇第一」以下の四区分との対応を注記している。

　なお観智院本では、「篇目」帖の目次掲載部分は「佛上」～「僧下」の帖名表示による区分のみである。また「佛上」帖では表紙に所収十部首を掲げ、巻首に改めて「篇目」帖と同趣の「佛上」～「僧下」全帖の目次を記す。これに続けて「篇目／為頌」として「佛上」のみの部首を再掲する（仮名音注と声点を付す）。「佛中」帖以下では、表紙における当該帖の所収部首の表示と、巻首における当該帖所収部首の頌形式の再掲のみがある。蓮成院本では、巻首の残存する「佛上」「法上」には頌形式の所属部首掲出がある。

　高山寺本ではこの篇目に続いて、第三丁表に標題「佛寶類字集巻上一」／「第一人篇」として本文が始まる。「第十一耳篇」が終了した後に、第五十一丁表から「佛寶類字集巻上二」／「第十二女篇」として続き、「第十九田篇」で終了する（最終は第百五丁裏）。なお「第十一耳篇」本文は第五十丁表で終了し、第五十丁裏に「報佛女篇」（朱書）として、「十二女」～「十九田」の目次が簡便に（言わばメモ風に）記入されている。

　以上により、篇目における「法佛人篇第一」「報佛女篇第二」はそれぞれ、本文での標題「佛寶類字集巻上一」「佛寶類字集巻上二」に対応することになる。一方、篇目前の内題「三寶類字集巻上」の「三寶類字集」は当然ながら「佛」帖のみを指すものではなく、「佛」「法」「僧」全帖に対応する名称である。従って「三寶類字集巻上」の「巻上」は、「佛」帖（「佛上」と現存しない「佛下」との両帖）を指すと考えられ、「法」帖は「巻中」、「僧」帖は「巻下」であったと推察される。これによれば、「佛下」帖に対応する「應佛肉篇第三」「化佛木篇第四」は、それぞれ本文における標題は「佛寶類字集巻上三」「佛寶類字集巻上四」であったと推察されることになろう。

　本書の書名は右述の通り、現存帖の内題によれば「三寶類字集」であり、「類聚名義抄」ではない。原撰本系唯一の伝本である図書寮本は「類聚名義抄」、改編本系の観智院本も「類聚名義抄」である。「三寶」は勿論「仏法僧」であり「佛」「法」「僧」帖を意味するが、高山寺本の篇目における「法佛人篇第一」等の項目名など多くの特異的状況から、「三寶類字集」は、高山寺本においてこのような篇目名等と共に独自に策定された書名の可能性があろう。なお、蓮成院本は「法上」の後補表紙外題に「三寶類聚名義抄中一」とあり、「類聚名義抄」の上に「三寶」が冠せられているが、各帖とも原表紙を失っており、内題等も存しないので（首欠・尾欠の帖を含む）、「三寶類聚名義抄」が蓮成院本本来の書名であったかどうかは未詳である。

三　掲出字の配列

ここでは全般的な点は措き、特に留意される点について述べる。観智院本、蓮成院本とも各部首の最初の掲出字は、総てその部首自体の漢字である。即ち「佛（上）」帖の最初の部首「人」部では「人」字、二番目の「亻」部では「亻」字が初掲字である。ところが、高山寺本の「人」部では、「人」字ではなく「佛」字から始まり、「人」字はそれに続く。これは、「佛（上）」帖の冒頭ということで採られた高山寺本独自の措置と考えられ、高山寺本独自の改変であることが明らかである。高山寺本も「亻」部の初掲字は観智院本等と同様に「亻」字であり、それ以下も当然同様である。因みに、高山寺本では「佛」字に続く「人」字の後に「一ㇾ（人）」以下の「人」字の熟字項が続き、その次位に「仿ㇾ」が掲出されるが、この「ㇾ」は「人」字ではなく実は「佛」字が該当する「仿佛」である。「佛」字のみが機械的に移されて、前後の調整を抜かっていたことが分かる。この「佛」字の措置からすれば、「法（上）」帖最初の「水」部では、本来初掲の「水」字の前に「法」字が掲出されていた可能性が高いであろう。但し「僧（上）」帖ではこのような措置は、少なくとも常識的には（当該部首所属漢字の掲出によって行うのは）不可能である。

全般的な掲出字の配列順は、右のような特殊例を除いて、基本的に観智院本、蓮成院本に近いものとなっている。また、熟字項目の掲出字（見出字）は、原則として観智院本と同様に、単字項目と同じく大書される。なお蓮成院本の熟字項目は、単字項目を兼ねるもの以外は、単字項目の注文（割注）の末尾に小書にて掲出されるのが原則である。

四　注文の内容・配列等

掲出字（単字項目）に施される注文は、観智院本、蓮成院本と同様に割注にされる。観智院本では、基本的な掲出字においては、初めに同音字注または反切による音注（正音注）、次いで片仮名による和訓や漢文注（義注）が記載され、最後に片仮名等による和音注が配置されるのが概ねの基本形式である。但し、最初の正音注は殆どの掲出字に掲げられるが、和音注は一部に限られ、和訓、漢文注も総ての掲出字に存するわけではない。これらのほか、「谷（俗）」「正」などの字体注が正音注の前に記される場合もある（基本的掲出字に後続して別途掲出された異体字では多く字体注のみが示される）。

高山寺本も注文の内容・配列は、基本的には観智院本、蓮成院本と同様である。但し詳細には、観智院本、蓮成院本とは異なる高山寺本独自の状況も見られ、これについては後述する。

なお蓮成院本では上述の如く、熟字項目の掲出が（単字掲出の機能を兼ねるものを除いて）単字項目の注文の一部としてその注文末尾に書き込まれており、その点が高山寺本、観智院本とは異なる。蓮成院本におけるこの熟字項目の掲出法は、改編本系原初の形態ではなく、蓮成院本の現存本に至るまでにおける独自の改変である。例えば後掲例⑤は、観智院本では「僊亠鮮 ヒシリ（下略）仙谷 AB二或 C今 僊正 神仙ノイキホトケ」（声点略、「僊」「僲」の実際の字形は小異あり、便宜上これに翻刻、「A」~「C」も「僊」「僲」に字形の近い異体）とあり、高山寺本も同様の掲出法である。ところが蓮成院本の「神仙ノイキホトケ」は、「僲」の注文中に「僊正 神仙ノイキホトケ」とあり、元来は高山寺本、観智院本と同様に大書にて掲出されていたものが、注文中に小書にて書き込まれたものであることをよく物語っている。

五　和訓の登載状況

改編本系『類聚名義抄』における高山寺本、観智院本、蓮成院本の系統関係・増補関係を和訓の登載状況で見ると、蓮成院本→高山寺本→観智院本の順に増補されていると判断される。例えば、次のような例が存する（〈　〉内は割注、「〵」は朱合点、（平）等は朱声点、傍線稿者）。

①〔蓮成院本〕幘〈亠責 セム アヤマル〉（佛上三十七オ）
〔高山寺本〕幘〈音責 セム アヤマル 〵サキナム 〵カサ、キナク〉（六十五オ）
〔観智院本〕幘〈亠責 セム アヤマル（平平上平） 〵サキナム 〵カサ、キナク〉

（佛中十八オ）

② 〈蓮成院本〉 侑〈可見亻部　ナカシ　ホシ[イ]、　サカナ[イ]〉　（佛上二ウ）
〈高山寺本〉 侑〈可見亻部　ナカシ　ホシ、　サカナ〉　（四ウ）
〈観智院本〉 脩〈可見亻部　ナカ（平濁）シ　ヽホシ、　サカナ　アフク〉　（佛上六ウ）

①では、蓮成院本には高山寺本、観智院本に存する和訓「嘖 サキナム カサ、キナク」が存しない。②では、蓮成院本には「侑 ホシ、サカナ」の二和訓にそれぞれ「イ」注記があり、「異本」に存する和訓を校異として記載したものである（後掲⑧和音注の例も参照）。即ち、蓮成院本に存しない和訓とされる。なお、蓮成院本の「イ」注記は高山寺本系の本に拠っていることが判明している（後述）。また②の観智院本「脩 アフク」は、蓮成院本、高山寺本ともに存しない（②「侑」「脩」項は「脩」「循」別字二字の異体の混淆状態で「アフク」以外四訓は「脩」字、「アフク（アフグ）」は「循」字の訓と見られる）。「嘖 カサ、キナク」「侑（脩） ホシ、サカナ」は『新撰字鏡』出典と見られる（「嘖 サキナム」は『新撰字鏡』現存本には見えず）。なお、高山寺本、観智院本では、『新撰字鏡』出典の和訓には、朱合点が付されていることが多い（事情は未詳）。②について『新撰字鏡』の該当箇所を掲げる。

② 【新撰字鏡】 侑〈胥流珠流二反脯也（中略）佐加奈又保志自也〉
（音注は「脩」字のもの／天治本一・二十八オ）

『新撰字鏡』は図書寮本の出典資料には含まれず、改編本系において追加されたものである。それも、改編本系原本よりも後の段階に追加されたと思しい出典である。但し蓮成院本においても、『新撰字鏡』出典と見られる和訓が、②のような「イ」注記が無く、高山寺本、観智院本と同様に登載されている場合も、単字訓については間々存するのであるが（この辺りの事情等については未解明）、熟字訓については、『新撰字鏡』出典の和訓は蓮成院本には原則として登載されていない。熟字訓の例も掲げておく。

③ 〈蓮成院本〉 嬋媛〈タヲ（ママ）カナリ〉　（佛上二十七ウ）
〈高山寺本〉 嬋媛〈タオヤカナリ（平平上平上平）　ヽニホフ　ヽウルハシ　ヽオソヨカナリ〉　（五十四オ）
〈観智院本〉 嬋媛〈タヲヤカナリ　ヽウルハシ　ヽニホフ　ヽオソヨカニ〉　（佛中七ウ）

【新撰字鏡】 嬋媛〈上先官反下宇然反美麗之皃尓保不又宇留和志又於曽与加尓〉　（天治本十二・二十四オ）

全般的には、蓮成院本と比較して高山寺本、観智院本で増加している和訓が総て『新撰字鏡』出典という訳ではなく、また、観智院本で更に増加している和訓の出典については大半が未詳ではある。が、以上の状況から、改編本系において、蓮成院本→高山寺本→観智院本の順に和訓が増補されていると判断される。

六　高山寺本の独自改変

(a)　「人」部の初掲字

「三　掲出字の配列」で述べたように、高山寺本では「人」部の初掲字を「人」字ではなく「佛」字にするという高山寺本独自の改変が見られる。これ以外にも以下のように、文選読形式の和訓、和音注などにおいて、高山寺本独自の改変が行われている。

(b)　文選読形式の和訓

字音＋助詞「ト」＋和訓、または字音＋助詞「ノ」＋和訓の方式による所謂文選読形式の和訓が図書寮本の『文選』や『白氏文集』出典等の和訓に見られ、観智院本にも継承されている（但し字音部分は表記されていないことが多い）。高山寺本現存部分の例について改編本系三本を対照すると、例えば以下のようである（該当和訓以外の注文は省略、標出字は支障の無い限り正字体表示とする）。

④ 〈蓮成院本〉 ｜（迢）遰〈トハルカナリ〉　（「迢」字の注文に掲出／佛上十ウ）
〈高山寺本〉 ｜（迢）遰〈ハルカナリ〉　（三十二オ）
〈観智院本〉 迢遰〈トハルカナリ〉　（佛上三十三オ）

⑤ 〈蓮成院本〉 神仙ノイキホトケ　（「僊」「仙」字の異体字の注文に掲出／佛上三オ）
〈高山寺本〉 神仙〈イキホトケ（平平上濁上上）〉　（五オ）
〈観智院本〉 神仙〈ノイキホトケ（〇平平上濁上上）〉　（佛上七オ）

これらのように高山寺本では、文選読形式の和訓が、原則として一般の和訓に変えられている（但し文選読形式のままとする例外も一部にはある）。

⒞　和音注

和音注は、図書寮本において真興撰述『大般若経音訓』による大般若経読誦音を「真云」、間々「禾亠」として掲出する音注であり、観智院本ではこれらが「禾」「禾亠」表示にて仮名表記主体で掲げられている。これを改編本系三本について対照すると、例えば以下のようである（音注以外の注文は省略）。

⑥〈蓮成院本〉位〈胡愧反　禾ヰ〉（佛上一ウ）
〈高山寺本〉位〈胡愧反　音ヰ(平)〉（三ウ）
〈観智院本〉位〈胡愧乂　禾ヰ(平)〉（佛上五オ）

⑦〈蓮成院本〉以〈亠苡　禾イ〉（和音注「禾イ」は和訓の並びに混入状態／佛上二オ）
〈高山寺本〉以〈音苡〉（和音注無し／四ウ）
〈観智院本〉以〈亠苡(朱)「イ」　禾イ〉（佛上五ウ）

蓮成院本、観智院本には共通の和音注が存するのに対して、高山寺本のみは、⑥のように単に「音」表示（「又音」表示、「又」のみ表示も存在）、即ち「和音」と断らない表示になっている。或いは⑦のように和音注自体が存しない。これらは高山寺本独自の改変であり、和音（呉音）を正音（漢音）と区別しない態度と見られる。⑦のように和音注が削除されている場合は、正音と同音形であるものが多い。

⒟　省文の不使用

ほか高山寺本の独自改変と見られる点として、観智院本、蓮成院本が屢々用いる、音注における「亠(音)」「乂(反)」や義注における「丶(也)」、和音注の「禾(和)」、字体注における「谷(俗)」等の省文を、高山寺本では本来の「音」「反」「也」「俗」等の正体としていることである（上掲諸例を参照）。観智院本、蓮成院本におけるこれらの省文はいずれも、原撰本系の図書寮本において既に用いられているものである（「禾(和)」は「和名」を示す「禾」等に使用）。高山寺本においてこれらの省文が用いられていないのは、記載内容自体の改変ではないが、省文を用いず正体に戻すという同本独自の改変であることが明らかである。

以上のように高山寺本においては改編本系の中で明らかな独自改変があり、これらは或いは、「一　構成・篇目と書名」において見た篇目における特異性とも併せて考えることが出来るかも知れない。

七　その他―蓮成院本における高山寺本との関わり

蓮成院本には、高山寺本系本文に関係する事象が存するので、高山寺本に関する事柄として記しておく。

蓮成院本には、高山寺本系伝本との対校によって、注文等の相違点を「イ」表示にて注記している箇所が屢々存する。高山寺本系との相違点が漏れ無く「イ」表示にて注記されているという訳ではない（上掲①③の事例参照）が、上掲②の蓮成院本和訓の「イ」注記例（脩〈(略)ホシ(イ)、サカナ(イ)〉）がこれに該当する。この「イ」注記が高山寺本系に拠ることは、次掲のような和音注の事例で明らかである（音注以外の注文は省略）。

⑧〈蓮成院本〉佳〈亠家(又音イ)　禾クヱ　○ケイ(又音イ)〉（佛上一ウ）
〈高山寺本〉佳〈音家(朱)「カ」(平)　又音クヱ(平平)　又音ケイ(平上)〉（三ウ）
〈観智院本〉佳〈亠家(平)　禾クヱ(平上)　ケイ(平上)〉（佛上五オ）

上掲②の事例についても、高山寺本系伝本に拠ることが了解される。

また、蓮成院本には、「イ」注記ではなく本文自体が高山寺本系本文に拠っていると判断される部分がある。「僧上」帖「又」部途中（「又」部二頁目相当の第六十五丁表）以下と、それに連続する「攴」「殳」部、即ち「僧上」帖末尾七丁分が高山寺本系の本文に拠っていると見られるのである。当該部の和音注を観智院本と対比して掲げれば、例えば以下のようである（注文掲出方法は⑧と同様、標出字が異体複数併記の場合は一字のみで表示）。

⑨〈蓮成院本〉敵〈亠狄　亠チヤク〉（僧上六十六オ）
〈観智院本〉敵〈亠狄　禾チヤク〉（僧中二十九オ）

⑩〈蓮成院本〉敏〈亠閔　又音　ミン(平上)　又ヒン(平平)〉（僧上六十六オ）
〈観智院本〉敏〈亠閔　禾云　ミン(平上)　ヒン(平平)〉（僧中二十九オ）

⑪〈蓮成院本〉政〈之感(盛)乂〉（和音注無し／僧上六十六オ）
〈観智院本〉政〈之盛乂　禾者ウ(平)〉（「者ウ」＝「シヤウ」／僧中二十八ウ）

省文「亠」使用の混在はあるものの、明らかに高山寺本型の和音注である。この範囲ではまた、熟字訓の標出字が観智院本と同じく大書されており（「三　掲出字の配列」で述べたように蓮成院本では観智院本、高山寺本とは異なり注文内に小書記載されるのが原則）、やはり高山寺本と一致する形態となっている。

このように、蓮成院本においては「僧上」帖末尾が高山寺本系本文によって補写されていることが判る。この事から考えると、或いは「イ」注記も、この補写と同時に記入された可能性が想定されよう。

結び

以上、改編本系『類聚名義抄』の一本である高山寺本について、観智院本、蓮成院本との比較による特徴の把握、更に高山寺本と、観智院本、蓮成院本との改編本系三本の系統的関係について、辞書本文、特に和訓の増補状況を中心に見た。これを系図として図示することは、結果的に誤謬を含んだり誤解を招く可能性もありえようが、敢えて記せば概ね次のようになろうか。

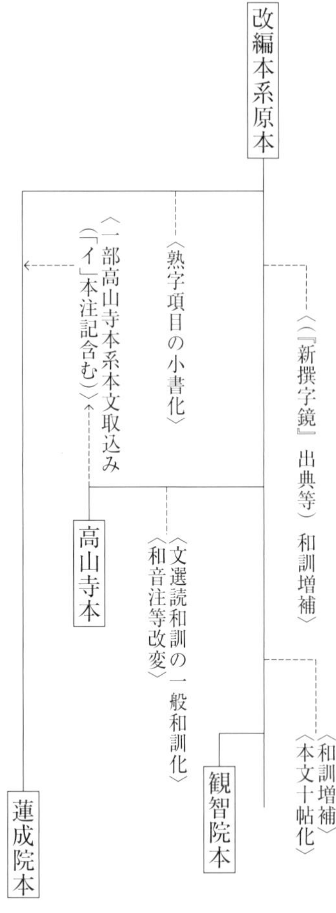

右を掲げることによって、結びに代えたい。

【参考文献】

犬飼守薫「改編本系類聚名義抄諸本の成立事情―熟字にかかわる問題点の一考察―」（『愛知県立惟信高等学校研究紀要』七、一九七六年）

今西浩子「『名義抄』の文選読」（『昭和学院国語国文』八、一九七五年）

岡田希雄『類聚名義抄の研究』（一条書房、一九四四年）

風間力三「類聚名義抄の文選読」（『甲南大学紀要文学編』三六、一九八〇年）

川瀬一馬『古辞書の研究』（大日本雄弁会講談社、一九五五年、増訂一九八六年）

草川昇「改編本系名義抄相互の関係―標出文字・和訓の面からの一考察―」（『訓点語と訓点資料』六八、一九八二年）

高瀬正一「和訓よりみた「新撰字鏡」と「観智院本類聚名義抄」について」（『語文研究』四四・四五、九州大学国語国文学会、一九七八年）

武市真弘「三宝類字集の和訓の傍書について」（『宇部短期大学学術報告』一四、一九七八年）

築島裕「改編本系類聚名義抄の成立時期について」（『福田良輔教授退官記念論文集』、九州大学文学部国語国文学研究室福田良輔教授退官記念事業会、一九六九年）

望月郁子「観智院本『類聚名義抄』の和音注―法華経字彙との関係において―」（『訓点語と訓点資料』六三、一九七九年）

山本秀人「蓮成院本類聚名義抄の成立について―異質な本文を有する部分の存在とその素姓―」（『鎌倉時代語研究』八、一九八五年）

同「改編本類聚名義抄における新撰字鏡を出典とする和訓の増補について―熟字訓を対象として―」（『国語学』一四四、一九八六年）

同「蓮成院本類聚名義抄の「イ」本注記について」（『鎌倉時代語研究』一一、一九八八年）

同「高山寺本類聚名義抄における本文の改変について―文選読形式の和訓と和音注との場合を対象に―」（『福岡教育大学国語国文学会誌』三〇、一九八九年）

同「蓮成院本類聚名義抄における高山寺本系本文の流入について―改編本類聚名義抄の異本同士間の交渉―」（『福岡教育大学紀要　第一分冊　文科編』三九、一九九〇年）

渡邊實「西念寺本　蓮成院本　類聚名義抄について」（『島田教授古稀記念国文学論集』、関西大学国文学会、一九六〇年）

同「解題」（天理図書館善本叢書和書之部編集委員会編『和名類聚抄・三宝類字集』、天理図書館善本叢書和書之部二、天理大学出版部、一九七一年）

新天理図書館善本叢書 第8巻　三宝類字集 高山寺本

2016年4月24日　初版発行　　定価（本体30,000円＋税）

編集　天理大学附属 天理図書館
代表 諸井慶一郎
〒632-8577 奈良県天理市杣之内町1050

刊行　（学）天理大学出版部
代表 前川喜太郎

製作　株式会社 八木書店古書出版部
代表 八木乾二
〒101-0052 東京都千代田区神田小川町3-8
電話03-3291-2969（編集） -6300（FAX）

発売　株式会社 八木書店
〒101-0052 東京都千代田区神田小川町3-8
電話03-3291-2961（営業） -6300（FAX）
https://catalogue.books-yagi.co.jp/
E-mail pub@books-yagi.co.jp

製版・印刷　天理時報社
製　本　博勝堂

ISBN978-4-8406-9558-9　第2期第1回配本